U0948669

追忆你

是我一生的情愫

我眼中的邓丽君

[新] 管伟华 著

華中科技大學出版社
http://www.hustp.com
中国·武汉

图书在版编目（CIP）数据

追忆你是我一生的情愫：我眼中的邓丽君 /（新加坡）管伟华著 .
—武汉：华中科技大学出版社，2019.6
ISBN 978-7-5680-5177-4

Ⅰ. ①追… Ⅱ. ①管… Ⅲ. ①邓丽君（1953–1995）—传记
Ⅳ. ① K825.76

中国版本图书馆 CIP 数据核字（2019）第 080250 号

追忆你是我一生的情愫：我眼中的邓丽君 **【新】管伟华 著**
Zhuiyini shi Woyisheng de Qingsu: Woyanzhong de Denglijun

策划编辑：张 丛
责任编辑：张 丛
封面设计：李彦生 王昕晔
责任校对：李 戈
责任监印：秦 英
出版发行：华中科技大学出版社（中国 · 武汉） 电话：（027）81321913
武汉市东湖新技术开发区华工科技园 邮编：430223
印 刷：北京文昌阁彩色印刷有限责任公司
开 本：710 毫米 ×1000 毫米 1/16
印 张：18
字 数：101 千字
版 次：2019 年 6 月第 1 版第 1 次印刷
定 价：59.80 元

序一

林煌坤

（一）林煌坤说小管

从小管到老管，我与管伟华先生相知相识，悠然四十余年，果然岁月如梭！

少年小管，博学多闻，他可以从盘古开天，谈到彗星撞地球，听得您津津有味，耳朵出油；少年小管，口才了得，他可以说服树上的小鸟，飞下来为他唱歌跳舞。

青年小管，纵横艺坛。英年早逝的马来西亚歌王李逸、温婉动人的歌手邓丽君，以及当年红遍东南亚的艺人，如光头凌峰、万沙浪、周润发、刘德华、李道洪、孙楠、丁薇……都甘拜他为经纪人，口服心服他的呼风唤雨。

且顺手一提吧！青春小管，风流倜傥，拜倒其西装裤下者不计其数。他，天涯有芳草，在水一方有佳人；他，脚边有玫瑰，天边有彩虹，让人只羡小管不羡仙。

中年的中管，本职工作不管，竟然改行经营酒国。他从新加坡的珍珠坊、马来西亚的新山，然后上海、天津、北京，经营酒廊多家，家家有声有色，独领风骚，无与伦比，堪称酒国英雄。但，我还称他一代“酒圣”。

管酒圣的酒量远超李白，酒胆胜过曹操。他，葡萄美酒夜光杯，千杯不醉还陶醉。至于酒品当然也超凡入圣。他，擅长跳酒醉的探戈，而此情此景，君自意会，我逊难言传。

老年老管，吸收了六十春秋的日月精华后，如今投酒从笔，且将他人生丰盛的心得笔耕在这本书中。这本书值得您三分在看，七分在品，至于您若拍案叫绝，我则沧海一声偷笑。

（二）邓丽君的故事，我来写最精彩

邓丽君甜蜜蜜的嗓音感动了我们的灵魂，她彩云飞般的唱腔洗涤了我们的心境。我一直相信邓丽君小姐是上天派来人间的天使，她来为人们演唱甜美的歌，而她的天籁之音纵然不是绝响，也绝对是百年难得一闻。

我为邓丽君写作过将近两百首歌词，我们约有二十五年的合作经历，因此要我以影剧新闻的报道方式，或以八卦消息的渲染行径来叙说邓丽君的故事，我当然都不屑为之，因为：

一、邓丽君小姐丰富生动的人生故事绝对媲美一部精彩纷呈的小说，她的生命气韵饱满，人生经历精彩，而内容丝丝入扣，耐人寻味。因此如果要描绘她的一生，那真的是处处引人入胜，且每个细节都有感人的温度。

二、邓丽君小姐风雅的气质宛如一篇精致细腻的散文，她秀丽的外形里蕴含着婉约的灵性，因此她传达给你的情谊是那么的简洁凝练却又流淌徐徐韵味，就像字里行间虽朴实无华，然却笔调精美的文学，由着你要细心地阅读。

三、邓丽君小姐的演唱犹如在吟诵诗的美感，既有节奏韵律，又是情境幽邃。她有独抒的趣味隽永，更有情感的共鸣，她优美醇厚的歌声，句句都有余音绕梁的意境。所以她的音乐也是学术，让人放开心量，驰骋灵机，体验感动。

林煌坤

序二

李道洪（白浪哥）

“白浪哥与小管”

其实，“白浪哥”与小管在时空中是没有交集的，不过，在香港亚洲电视台的影视剧《我和春天有个约会》中，演出“白浪哥”角色的李道洪，却是与管伟华有超过 1 / 3 个世纪的交情！

1975 年，我被邀拍摄电影《春风吹又生》，外景地是新加坡。一下飞机，就认识了新加坡娱乐界的著名帅哥管伟华（可能是老板要给我一个下马威，让我知道新加坡也是有人才的）！不过，“英雄识英雄”，我们一见如故，我们聊天的范围甚广：港台电影、流行音乐、中外时装、武侠小说等，可以说是“臭味相投”，从此我俩成为莫逆之交！

小管一直被称是东南亚娱乐圈怪杰，眼光超前，更是多位超级巨星（影帝、歌后）的超级经纪人！ 1975—1980 年间，他背后有一个“死党”——我！

生意上，我们一起将 20 世纪 70 年代香港超流行的“缤缤 BANG BANG 时装”引进新加坡（这个 BANG BANG 时装就是首个将谭咏麟和温拿乐队捧红的公司）！

1976 年，小管正式成为我演出的经纪人，他更是监制了我第一张《李道洪之歌》的黑胶唱片和卡带！（主打曲是《泪的小雨》和《汪洋中的一条船》！）搞笑的是，这也是我灌录的最后一张唱片！

不知是我没唱歌天赋或是管监制“选曲不当”，我的歌手生涯几乎就止步于此！（命运之神在二十年后，偏偏在港剧《我和春天有个约会》出演一个“歌手白浪哥”，让我在内地市场大受欢迎！这是后话，暂且放下。）

自此，我全心做个好演员和节目主持人！

1976 年，我在台湾拍摄电影《约会在早晨》，小管介绍我认识了这部电影的总编剧，就是台湾影视、音乐界的“独孤求败——林煌坤”，至今我在北美洲巡回演唱会还是唱他填词的《往事只能回味》！

小管也引导我成为古龙武侠小说迷，进入了他们的“江湖义气，豪酒美人”世界里面多年，无法自拔！

1980 年我在翡翠台演出当年香港 90% 收视率的《网中人》，小管飞来香港和我商谈下半年新加坡最大的“银星夜总会”登台演出事项。当年的香港电视剧都是边拍摄边播放，所有演员都是 24 小时在电视台生活，小管也只能够来翡翠台片场与我开会商谈演唱节目细节。

在旧翡翠台化妆间，我指给小管看一位躺在沙发上休息的年轻人，告诉他这个演员将会超越我，一定大红特红。我叫醒了这个新人，介绍大家互相认识，小管一脸不以为然，认为我推荐得夸张了，不过最后还是谈妥了做其新加坡演出经纪人。这个新人，名字叫周润发！

一年后，小管、周润发、李小麟、我，一起在我国香港、台湾，以及新加坡组织了合作伙伴公司影舞者集团有限公司。

20 世纪 80 年代初，小管在娱乐圈成为“教父”级人物，不但安排了周润发、郑裕玲等明星在东南亚登台演出，而且连邓丽君都认他是闺密。可以想象其火热程度吧！

1985 年至 1987 年，我在台湾影视公司投资失利，这段时间，我很需要经纪人来支持，小管可能实在太忙碌，我们难得有碰面机会。原来，上天关了一道门，却给你开了一个大窗子！

1988 年我在香港亚洲电视台做一个全新节目《活色生香》，周一至周五每晚播放，成了连续六年的亚洲电视台皇牌节目！

1996年拍摄《我和春天有个约会》，1997年在全国各地电视台播放成功！我本意要求小管制造我为歌手，没有成功，结果却在影视剧演出歌手“白浪哥”而大受欢迎……老天保佑！

可是，小管在20世纪90年代已经跨界做了餐厅、KTV酒廊等等生意老板。很遗憾，他没有做成“白浪哥”的经纪人，不然，我们又可以在世界上最大的市场再度合作啦！

2016年，相隔20载，我们于新加坡再度见面，大家感触良多，喜悦莫名，聊起当年，不禁“老夫聊发少年狂”！

看到小管这本书，我非常高兴，百感交集，感慨万千，千言万语尽在我对他的祝福之中。

下笔至此，眼眶里已经湿润，就此打住，祝福成功！

白浪哥 / 李道洪

2018.6.18　上海

[illegible]碎的影子總在午夜
時猜我已經[illegible]藏不住想你
的溫度愛情的火啊燃燒了情懷從此想念你來[illegible]
日日夜夜流淌流轉在我心深處想念的音符飄飄在我心湖我[illegible]
[illegible]譜相思的腳步愛情的[illegible]啊溫情的相扶從此愛亦
[illegible]

目录

CONTENTS

邓丽君

『我一见你就笑，你那翩翩风采太美妙，跟你在一起，永远没烦恼……』唱片里的歌声一跳出来，立刻把我拉回到了现实……

我与邓丽君

我是管伟华，一个性格倔强又充满干劲儿的普通人。我缺乏耐性，没什么事情能够让我满意，而且常得罪人，这也许是我天生的本领。曾经娱乐版头条的大明星都是我的朋友，但我又不是那种愿意参与“慈善大表演”的人，所以“伯乐”这个职责可能还算是我对娱乐圈的一点点贡献。我不喜欢政治，却又关心政治；我关心社会，但很多事情却并没那么如意；我有个幸福家庭，正如其他家庭一样，也有很多琐碎的事情。这就是我了，自称“老头”，家里人也会这样叫我，其实我也知道。年轻时候挥霍身体，有熬夜喝大酒的陋习，直到 2001 年 7 月 13 日一个黑色星期五 ，以中风为警钟，我开始有点节制了。现在六十有八，久病成医也是我一大幸事了，但对于酒的偏爱是情有独钟。我常讲：“喝酒伤身，我知道。但是不喝酒，伤的是心呐！”家中妻儿都有自己的事情做，我呢，睡前独饮是我当前一大乐事。

每夜的睡前红酒只要不过半瓶，那还是安全的。当浓郁香醇的红酒倒入杯中那一刻，是我最放松的时候。看着红浪卷入杯肚，我的魂魄已与现实抽离了，浅尝一口，一丝惆怅，打开音响，熟悉的声音飘进耳朵，沁进心里：“无言独上西楼，月如钩，寂寞梧桐深院锁清秋，剪不断，理还乱，是离愁。别有一番滋味在心头……”

摇晃着红酒杯，老头略有一丝困意，恍惚中有个人轻轻拉我，我努力俯身看去，清晰的脸庞影映入眼帘，太熟悉了，太亲切。圆润的脸庞，清澈透亮的大眼睛，一排整齐莹白的牙齿，她努了努微塌的小鼻子，绽放出只有她独有的温婉、雨润般甜美的笑容，示意我跟她走。我也仿佛回到了年轻时代，身体强健而轻盈，快步跟上了。“扑通！”一下，我被拉入了水中，耳边传来爽朗的笑声和戏水的喧闹声。

我抹干脸上的水，环视周围。对！就是这个场景，这是乌节路后面尼加拉酒店的游泳池，岸上是当年公司合伙人李成财、丽风唱片公司的符经理还有邓丽君的妈妈，他们应该是在聊关于合作协议的事。透过水花，我看到邓丽君在水里嬉戏，欢快得像个孩子……不对，如果是那个时候，她就是个孩子！而我……也应该才 19 岁。这个时间应该是我第二次见到邓丽君，已经在港台地区小有名气的她温和可人，丝毫没有明星架势，身材匀称但微微圆润，修长的美腿也是后人称“美腿小姐”的不败优点。圆圆的脸上绽放着毫无修饰的笑容，能让人看到坦澈的内心。虽说当时我在东南亚地区带领了很多名牌大亨，歌坛演艺界见过不少大腕，但还是被这“邻家妹妹”般的清澈和亲切感打动了。“教我学游泳吧”她天真烂漫地请求我。“哦，好，好。”面对真诚的她，我不好拒绝但也不免脸红。“哈哈哈哈……”看到束手无措的我，岸上的人不免笑出了声。

“我一见你就笑，你那翩翩风采太美妙，跟你在一起，永远没烦恼……”唱片里的歌声一跳出来，立刻把我拉回到了现实。我晃晃头，看清手中的红酒杯，哎！年龄大了，一杯酒就晕乎乎的，刚才看到的是邓丽君吗？自从中风后我慢慢从繁忙的事业中隐退，回到家中悠闲，总能回忆起当年。邓丽君就是我年轻时的见证，一个重要的朋友，一段不可磨灭的人生历程。是啊，那是多么美好的青春记忆，差点被浑浑噩噩的工作和生活淹没了去。现在如此真实地回忆起来了，还真是值得记录一下。

既然邓丽君先从记忆里跳了出来，那我们就来先说说她，这个传奇的女子……

在我眼中，邓丽君有和其他艺人不同的一面。这要从她的出身还有家庭说起。俗话说“一方水土养育一方人”，成长于台湾的邓丽君，有着江南美女骨子里的温婉，又有着塞北硬汉性格里的坚韧。这个性格也决定了她的命运，贯穿了她的一生。

1953 年，在台湾南部的云林县，一个由大陆来人组成，人口密集的穷乡僻壤的地方，邓丽君作为家里第四个孩子，出生了。邓丽君的母亲名叫赵素桂，山东人；父亲名叫邓枢，河北人。日子虽说清贫，但一家人其乐融融。作为家中唯一的女孩，邓丽君自然成了家里人的掌上明珠，她就这样如沐春风地成长了起来。最开始，父母给她取名邓丽筠，“筠”字的意思是美丽的竹子，也许是因为她出生的地方竹林如海，风景清丽如画，家人希望她像竹子一般秀丽挺拔，柔韧不屈。人如其名，如此敢爱敢恨，坦荡纯粹的女孩，用一个“筠”字来形容，真切又低调。再后来，在取艺名时，也因为人们叫得习惯了，就成了邓丽君。

在我的记忆里，无论邓丽君辗转去哪里演出，在她的台下永远会有一个身影，那个人就是邓妈妈——赵素桂。每位母亲都是伟大的，邓妈妈更是一位不寻常的母亲。在那个还是“重男轻女”的年代里，邓家只有邓丽君一个女娃，然而邓妈妈对儿子们管教严厉，却唯独对女儿宠爱有加。邓丽君也活泼伶俐，乖巧听话，当家中有客人来访，她总是叔叔阿姨的叫得人心生甜蜜。再大一些时，邓丽君也从母亲那里学着如何体察人心，即便受到全家的宠爱和外人的夸赞，她也从不骄纵。因此，所有人都说这是上天赐予邓妈妈的天使。

小的时候，邓丽君就从收音机里听歌，然后唱给妈妈听，妈妈永远是她的第一个听众。妈妈喜欢听黄梅戏，她就学黄梅戏的小调唱给妈妈听。如此安逸的场景维持不长。那时家中正经历一场极为艰难的变故，邓丽君的父亲邓枢经营生意失败，家里境况惨淡不堪。于是邓枢在外忙于营生，邓妈妈则一个人在家拉扯五个孩子长大。虽说境况不佳，但坚强的邓妈妈就像一把大伞，一人撑起一片天，呵护笼罩着孩子们。那时邓丽君六岁，跟着朋友的乐队一起唱歌，每当唱起歌来，她就会无比的欢乐。邓丽君喜欢周璇、白光，邓妈妈还专门为她买了这些歌本。慢慢长大了，在一些演唱比赛中，邓丽君还总是夺得桂冠。唱歌是邓丽君的天赋，也很快成了邓家补贴家用的一种谋生手段。仅仅六岁的邓丽君就开始了她的演艺生涯，跟随康乐队四处演出，内容就是各地民歌小调与黄梅戏。也是当时台湾当局推行“国语文化”变革的一部分，并成了新的本土文化。

她自小就懂事，懂得生活的不易，愿意不惜全力为家里分担压力。自从被挖掘出唱歌的天赋之后，邓丽君似乎就在马不停蹄地歌唱着。小学时期，她每天放学后就去康乐队参加表演，深夜两三点回家再做功课，每周还去电视台参加“每周一星”的电视节目录制。其他的时间就在歌厅里驻唱，在“台北的夜巴黎歌厅”里，她曾创下连续唱 70 天的惊人纪录。那时候邓家每天摆摊月收入大概是 2000 元，而邓丽君每月的收入就是 6000 元或 8000 元。后来邓丽君小有名气时也没放弃录制任何节目和歌厅驻场。

虽然家境贫寒，但是邓丽君唱歌的风格甜美可人，让观众觉得幸福和欢喜。不同于当时很多为谋生计而卖唱的歌手，邓丽君的歌声所传达出的情感完全出于内心的喜爱和快乐。最有代表性的歌曲就是《一见你就笑》，风靡一时。也因为如此，邓丽君的歌曲极具吸引力，让人一听便烦恼全无，当时大家都知道有这么一位甜美可人的小歌星，十分喜爱。可在这甜美可爱背后，有一只大手艰辛地为她遮风挡雨，呵护她成长，这就是邓妈妈。曾经和邓妈妈闲聊中谈到过那段日子，虽说苦难重重，艰辛清苦，但有妈妈的一路陪伴和呵护，邓丽君还是单纯快乐地成长。懂事的她并没有被艰苦打败，而是像小竹子一样健康挺拔地成长了起来。后来，邓丽君自己回忆起那段时光时说："不是大人要我唱歌，而是我自己想唱的。刚开始参加小学才艺表演，后来还参加当时广播节目办的歌唱比赛，那时候广播节目是在学校操场录音，我因为喜欢唱歌，所以唱得非常卖力。而且当时的我非常可爱。"她还经常说："我很喜欢唱歌，所以我只是为自己唱歌而已，即使没有奖金，只要能唱歌，我就非常高兴了。"是啊，每一个天真的孩童，每一个纯洁的灵魂，都是上帝赐予这个世界最好的礼物。清贫出身，但从不争名夺利，是这对母女最大的特点，也是她们最值得在这星光灿烂的道路上继续前进的重要品质。

可惜在邓丽君十四岁的时候，学校发出通牒，她要在学业和唱歌中做出选择。那时她才十四岁，虽然不愿放弃学业，但是她太热爱唱歌了，最终邓妈妈支持了邓丽君的想法，坚持了唱歌，告别了和她同龄人一样的校园时光，签约了台湾宇宙唱片公司，正式出道了。

但此时发生了所有歌手最惧怕的事情——哮喘。邓丽君9岁时就发作过哮喘病，此时再次发作，这可给邓妈妈急得寝食难安，四处求医问药。经过邓妈妈日夜不停地照料，小邓丽君的哮喘病才得以治愈。病愈后，邓丽君出唱片、拍电影，16岁的她走出了台湾，应新加坡总统夫人的邀请，出席在新加坡国家剧院举办的慈善演出，继而又去了香港，并准备进军东南亚……这一切的一切，说起来顺利又简单，但母女俩付出的汗水和艰辛，只有她们自己清楚。

记得应该是一九六九年，我刚当完兵的时候，也就十八九岁，拥有着所有那个年纪的人该有的少年气盛，怀揣抱负开始闯荡“江湖”。当时我第一个加入的公司叫作肯肯娱乐，工作就是安排歌手到夜总会歌厅演出，算是正式进入了娱乐圈。那时夜总会的歌手都是后来的明星大腕，陈淑贞、方漪、沈凤子、林美仪、大盗歌王林冲、翻唱《今夜不回家》

的白冰冰、骆艳丽等，都是这一代的歌手。

记得有一天晚上，在一个夜总会里面，刚好我去看一个女子乐团的演出，里面有一个台湾演员是我的朋友。恰巧邓丽君母女也去看演出，和我的朋友也认识，我们就很自然地互相介绍认识了。那时候大家还都是小孩子，邓丽君大概十六七岁吧，我也不到20岁，打了招呼就算是认识了，但那个夜总会里面黑漆漆的，我们也没看清楚彼此的样子。

在娱乐圈摸爬滚打，有一些经验后，我就想去海外闯荡。一次带台湾歌手古兰去越南，认识了丽声戏院老板王成庆，此时的丽声戏院在南越堤岸风生水起。闲聊时他谈到了最近看好的一部歌舞影片，叫作《谢谢总经理》，他买下了放映权，并且此片在当地反响极高。《谢谢总经理》是宇宙唱片公司为庆祝邓丽君唱片销售佳绩而出资拍摄的，所以邓丽君成为很多观众的偶像，名声大起。我马上说："我认识邓丽君！"此话一出，接壤了我之后与邓氏母女的缘分。随后我从朋友那儿打听获知邓丽君经常参加各种慈善活动，获得了"慈善皇后”的头衔。我刚好当时结识了好友吴清华，他是电影制作人，正在为慈善筹款，借此机会我就请缨回新加坡联系了丽风唱片公司，约邓妈妈一同商议，就此有了之前醉梦中的场景和画面。在欢声笑语中，合同也就这样愉快地签好了。我就拿着这个使命去越南，至此掀起了后面我带着邓妈妈和邓丽君闯荡东南亚市场的新篇章。

由于冠有“义演”的头衔，我又心中窃喜。因为那个时候如果去哪个国家演出定义为“义演”，那么签证手续之类的官方文件就能顺利地办下来。所以跟戏院老板、片商商议都同意之后，我便可以去谈演出价格了。当时人家问我演出费用，我也是狮子大开口：“五百美金，一场！”没想到人家痛快地同意了。而且这随片登台，一唱就一个月的时间，不是一笔小数目呢。我马上去找邓妈妈，邓妈妈问我怎么了，我说：“哇！我卖了那么多钱，可我不敢要。”邓妈妈也傻了，因为邓丽君那时候一个月也就 3000 美金的薪水，一下子变 15000 美金这么多。在那个时候这些钱都可以买一个公寓了。我跟邓妈妈说：“我只拿 10%，就 1500 美金，其他费用，比如交通、吃住，都您来付。”这样一来，我从带邓丽君出来演出的老板无形中变成了邓丽君的经纪人；这样一来我们出去工作游玩的费用都由邓妈妈出钱，就好像我妈妈一样在一起；这样一来我们开始了一段一起生活、工作，凡事都和邓妈妈商量，亲密无间的关系。

我和邓丽君的兄妹关系也就自然而然地形成了。很多人问我：难道那时候没有动过情？没有想过要交往的心思吗？很抱歉地说，好像一见面邓丽君给我的感觉就是一个邻家妹妹，所以我当时没有任何儿女私情的想法。更何况我那时漂泊在外，就是居无定所的浪子一个，邓丽君那时也是家境贫寒，有一家子需要供养。所以大家一心都是工作、挣钱、养家。而且我们两个人，除了年龄匹配，其他方面都不适合在一起。虽然后来我也臆想过此事，但大概如果有交集，也会转瞬即逝吧。

我这样一个性格倔强的人，遇到了一个同样骨子里倔强不屈的人。这两个人一起做事，要不水火不容、针锋相对，要不同心协力、其利断金！这说的是谁？你不会认为是温柔婉约的邓丽君，她那么甜美可人，柔情似水。但是没错，我说的就是邓丽君！她的似水柔情里面的倔强和坚持，令很多八尺男儿都抵不过。别忘了，我说过她是竹子，挺拔秀丽，柔韧不屈。邓丽君拥有她独有的性格特点，倔强、直白、不屈不挠的性格，我有时候反而有些担心她。在当初朝夕相处的这几年，一直到她的最后几年，每一件事情都是她那独特的性格所造就的，也造就了一个独特的她。

她拥有超常的学习能力，学得很快，语言天赋很高，她可以用粤语、闽南语、日语、英语和马来语唱歌，而且可以切换自如，游刃有余，她连法语都能说得很好，真的是佩服。学习开车也是，一下子就学会了。不过提到开车这件事，我真的是又好气又好笑。那时是在越南演唱期间，邓丽君刚考到驾照，以为自己很厉害，每次都吵着要自己开车出去，不让司机接载。结果，有一次就酿成了小意外。不是她撞伤了人，而是把丽声戏院老板娘的手指夹伤了。我记得当时，邓丽君坚持要开车，老板娘也拿她没办法，笑着答应让她当“司机”。

就在大家相继上车坐好后，老板娘发出一声惨叫，原来坐后座的老板娘为了上车方便，手刚好扶在司机座位前的门边上，大大咧咧的邓丽君坐上司机位，很“摆款”地启动了引擎，车门就硬生生的这么“砰”地一关……老板娘痛得眼泪都飚出来了，邓丽君发现自己闯了祸，也吓呆了。众人以为老板娘会发火，幸好，手指没有断，只是皮外伤，再加上老板娘那时已经和邓丽君私交甚好，知道她的性格，很是疼她，一点都没有生气，也没有怪罪她。

邓丽君特别孝顺她的母亲，这是在圈中出了名的。我也是从她的身上了解到了“守岁”的意义。原来，在每年除夕，无论多么忙碌、多么劳累，即使是在国外演出，邓丽君也坚持要在酒店房间为母亲“守岁”。有一次，她把我叫去酒店房间，我们两个就在地板上玩牌，邓妈妈在床上睡觉。邓丽君坚持要我陪她到天亮，说这么做是为母亲“守岁”，让母亲可以长命百岁。意义如此重大，那我就陪她喽。没想到这一晚上，邓丽君把妈妈换来包红包的新钞票输得精光。那时候可把她急坏了，生怕妈妈醒来发现了骂她。我当时是想逗逗她，故意让她着急，觉得她着急又无奈的样子很好笑，就假装要拿着“战利品”回房间。看着她嘴巴都快嘟到了天上，却倔强地不肯跟我求饶的样子，我决定先气气她，挥手说了句“拜拜”，就快步回到自己房间。不过第二天我还是把钱如数都退给了她。

和其他小女孩一样，邓丽君喜欢吃零食，她说，“吃零食好像人生一样，应该要样样尝试。”哈哈，在我看来，她就是一个十足的“小吃货”。还记得那年在台北，忘记是演出过后还是彩排之后，已是人潮退去，月朗星稀的时候，台北的秋天格外冷，小摊贩零零散散的没几家，还都准备灭火打烊了，冷清又陌生的街道上只剩下又累又饥肠辘辘的邓丽君和我。我已困倦不堪，在寻食无望的情况下准备打道回府。但邓丽君却保持着积极的态度和旺盛的期待，探索着哪家小店余火未灭。“青叶小粥店！”她兴奋地叫我快看。我随声望去，一家小店虽说椅子已经倒立桌上，但炊烟袅袅，像是在召唤我们快要瘫痪的味蕾。但可惜的是，粥店已经打烊。那炊烟是从门口边拐进胡同里的小担档飘出的。顺着食物的香味，并怀着充满感恩的心，我们欢悦地蹲坐在小担档的小板凳上。“咱们比比谁吃得多啊？”邓丽君一边爽朗地笑着，一边用不在乎的口吻问我。好大胆的女孩子，跟我一个年轻小伙子比食量！我摇摇头：“大丈夫有所为有所不为……”虽说我嘴里嘟囔着，但看到生龙活虎的她，不觉有一丝惧怕了。比赛开始，邓丽君当仁不让地端起一碗就下肚了。那个小担档卖的是担仔面，就如字面上看到的，担着担子来卖面，而且都是小小碗，一碗一口。我们吃得快，老板也忙活得不可开交，一碗一碗地给我们盛面，还赶不及我们吃的速度。过不多会儿，那巴掌大的小碗堆摞了满桌，速度终于也渐渐慢了下来。果不其然，虽说我已意识到邓丽君的实力，在赶快加紧吃，但还是……我输了！竟然吃面都会输给一个小姑娘，我大概当时的样子很囧了。邓丽君一边指着自己“丰功伟绩”的一堆空碗，一边看着我笑了，她一边笑还一边用手背擦着嘴角，那个样子我永远记得。时至今日，每次吃到台湾担仔面，依旧会想起那一刻，那爽朗的笑，那美味的暖……

说到吃还真的是有太多记忆，懂得美食的人都很会生活。

邓丽君喜欢的每样食物都不是山珍海味，但都各有出处。她自己经常如数家珍似的罗列一番：新加坡肥仔荣的油浸笋壳鱼、油浸生蚝、家嫂鱼头米粉、豉汁蒸鱼头，新加坡白沙浮的潮州牛肉粿条、海南鸡饭，等等。也许这也是我后来退休在家时热爱研究烹饪美食的因由。

哦，对了，这个小姑娘，因为吃东西，还跟我发过一通脾气。记得有一次，邓丽君、邓妈妈还有我，三个人在新加坡办事，路过珍珠坊，邓丽君闹着要去吃鸭饭，因为有事在身，不方便那个时间去吃，我就告诉她忍一忍，我们下次再来。大小姐开始和我闹别扭了，撇下我和邓妈妈，独自一个人大步走在前面。看着她故意很大力走路的样子，看得我很想笑，于是我就朝着走在前面的她说："我们今天是出来办事的，大小姐，百万都还没出头呢，就摆架子喽。"看来这句话气到她了，一直气到回了酒店后，很大力地关门，好久都没和我讲话。不过她这大大咧咧的性格，我们这点小别扭，马上就在下一顿吃盐焗鸡的情况下变得烟消云散。

也许因为还是小孩子，邓丽君有时会耍耍小性子，就像个小男孩一样。在她那个年龄，她私底下顽皮得很呢。在越南大叻时，我们乐队的成员都是一帮男孩子，天气热，蚊子又多，休闲时间大家就躲在宿舍里打牌。一帮人围坐在床上，都钻进蚊帐里。这时候，总会有一个淘气包跑过来掀开蚊帐，踢我们一脚，这个小淘气就是邓丽君。或许是觉得没有人和她玩了吧，完全就是一个顽皮的小男孩，令我们无奈又想发笑。

邓丽君虽然有时候任性，喜欢跟一堆男孩子如哥们儿一般在一起，但是，对于感情，她还是未知和懵懂的。曾经她也和我埋怨，邓妈妈害她没有男人追。青春靓丽的年华，少女情怀满满的年龄，邓丽君当然也和其他女孩子一样憧憬着能够拥有一段甜蜜的恋情。可是，邓妈妈过于保护她，不会让她单独跟任何男人出去，哪怕只是吃顿饭而已。记得那时曾经有一个泰国华侨，男孩子长得黑黑的、高高的、帅帅的。邓丽君好像还蛮喜欢他的。第一次那个男孩子约邓丽君出去吃饭，邓妈妈陪伴在侧，一路紧跟，限制他们只能在一起吃个饭。第二次约会，母亲又如麦芽糖似的黏着他们，自得其乐地当着“电灯泡”，不让两个年轻人有单独相处的机会。结果，帅哥被邓妈妈的“盯人政策”吓到了，从此不敢再和邓丽君联络。邓丽君和我埋怨道：“哎！只要约会两次都有妈妈在，第三次就没有人敢约我了。看，这次也一样，真的是事不过三。”

后来，就算邓丽君红得如日中天的时候，邓妈妈也一直守护在她身边，不许她沾染丝毫十里洋场的红尘气息，连任何一个小的约会，邓妈妈都陪着她，不许她自己单独参加。也就是在邓妈妈这样寸步不离的照顾之下，使得邓丽君在这纷繁复杂的环境里能够坦然笑对许多挫折磨砺。

直到有一次，从未和任何人提及自己感情之事的邓丽君，和我吐露了一段隐藏在心底的感情。那是 1975 年，说起来惭愧，我因为自己个人的感情问题有点想不开，情急之时，真的打算一了百了了，邓丽君得知后，连夜赶来我住的酒店，约我到她和邓妈妈住的丽风唱片公司的宿舍里聊天，还特意准备了一瓶红酒和几个小菜。那天我们促膝长谈了一夜，不知是为了安慰开导我还是触景生情，邓丽君也和我道出了纠缠她已久又无人知晓的情事。那时候，我才知道，原来她心中有一个喜欢的男生。记得那时是邓丽君走红的初期，当时有好几个男人对她有好感，经常借故邀约她出去吃饭。其中我记得最清楚的是那个从澳大利亚留学回来的一个陈姓富商。因为知道邓丽君喜爱热闹，他总是组织好几个男人一起带邓丽君一起出去玩，去吃饭。记得那段时间，他们几个人总是在一起玩，但我并不觉得邓丽君会喜欢那个陈姓富商。“难道是……他？”我迟疑道。邓丽君眼眶有点湿润，她叹了口气低下头，然后摇摇头，随即肩膀开始微微抽搐……从未见过她这样，我吓坏了，连忙递过去纸巾。原来，邓丽君喜欢上了陈姓富商的侄儿，两年来，她都把爱藏在了心里。那时候邓丽君对于爱情还是懵懂羞涩，对于感情比较含蓄，很难把爱说出口。但不料，她爱的那个男子后来因心脏病发作去世了。那天晚上，邓丽君哭得好厉害，好伤心。一段什么都没有的爱情，连开始都没有，但邓丽君说，她相信死者应该是明白她的心的。我想，有这份坚信，足矣！

邓丽君性格里的倔强也体现在方方面面。这和她曾经清贫的家境有很大的关系。我的好朋友，音乐制作人姚厚笙曾跟我说:“当时都是录一张唱片给多少钱的,以这种计算方式，邓丽君一有机会，就会去录，她很小的时候就成为家里的主要经济支柱，当她知道自己对家里很有贡献，就觉得很高兴，然后更希望继续唱下去。”

虽说她一直努力养家挣钱，但是平时生活清淡节俭。也许是受过苦难，生性善良的她乐善好施，不怕辛苦地运用自己的能力去播种更多的善心，创造更多的善举。成名后，她总是忙于参演各种义卖、义演活动，用自己的能力去帮助那些需要关怀的贫苦人群。邓丽君的一生尽心尽力参加很多的慈善晚会和公益演出，捐款无数。不知不觉中，她的足迹和爱心踏遍新加坡、马来西亚、泰国、印度……从东南亚地区又返回祖国台湾，她深深赢得了海内外同胞的赞扬和钦佩，人们亲切地称呼她为“义演皇后”。她的单纯和善良也体现在平时的生活和工作上，这些优点在邓妈妈的身上也体现无疑，这就是言传身教的缘故。邓妈妈从来不像其他星妈一样，争排名、通关系，太多的事情能忍就不去争抢，她总教导邓丽君不需要把心思浪费在这些事情上面，凡事退一步想。

在佣金和费用方面，她们母女俩从不计较，那几年我和她们共事，深刻地感受到了这对母女对于自己的坚持和对于演唱事业的态度。邓丽君平时被称为“演出劳模”，拼命地挣演出费，但是慈善晚会的演出她是场场必到。我在新加坡搞过很多慈善演出，邓丽君几乎都出席但从来没有跟我要过一分钱演出费。哎！现在的人都没有我们那时候的那种感情了，歌星还要住总统套房！邓丽君最多就是想住在一家新酒店的新房间而已。

这就是邓丽君，不掺杂一丝做作的女孩子，她的表现如此单纯又清澈。嗯，是的，在我心中，她还是当时的“邻家妹妹”，那个十几岁的模样。

我和邓家母女的接触最多的，就是我们两次闯荡越南演艺市场的时候。下面就回忆一下那时候我们的一些生活。

那时候年轻，可以用“开拓”和“闯荡”两个词来形容当时的生活。我自己脚踏实地一步一步感受的，是苦难，是泪水，是遗憾，或者是幸福……无论它是什么，都会有收获。“枯木逢春犹再发，人无两度再少年”。少年多可贵，可贵在它有资格去碰撞，去鲁莽，去吃亏，甚至是去浪费。跌跌撞撞才是真。我的少年时期就是这样磕磕碰碰走过来的，带着邓丽君和邓妈妈一同踏上越南土地的那一刻，就掀开了我真正闯荡演艺圈道路的第一篇章。

那时我们是在越南堤岸丽声戏院演出。我是一个很有创意的人，我会把整个演出弄得有声有色，我请来乐队伴奏，也让乐队的人穿插着唱歌，这样不会让丽君小姐太劳累，一场演出我会上台主持，再夹杂一些客串的演绎使整场不那么死板。挑选演员、挑选乐队、演出策划、给全团办理签证、带领团队，甚至我还亲自去主持全场节目，还兼演出……忙得不亦乐乎。但是，我们却经常忘记外面正是战火纷飞，每分钟都可以听到远处传来枪炮声。可能在那样的环境里，人们都麻木了，都不知道什么叫“怕”了吧！

也许是刚当兵回来的缘故，我对于枪声似乎已经熟悉，而并非觉得意外和恐惧。记得刚到越南堤岸丽苑夜总会，演出刚结束，我在后台，突然听到一个爆炸声如雷贯耳，巨大的声波震碎了窗户玻璃和灯泡，后台灯光瞬时全部熄灭了。紧接着又是一声惊叫，那是从更衣间传出来的。那时我正好路过，听到了惊叫声以为发生了意外，马上前去帮忙。原来台湾歌星忆如正好在后台换礼服，爆炸声吓得她魂飞魄散，光着身子蜷缩在角落里。好在当时一片漆黑，没有一丝亮光，我一边劝慰着她，告诉她这种爆炸很正常，听起来虽然很近其实炸点远得很呢，碎几个灯泡没有大碍的，另一边我随手拿了件戏服递给她，让她先披盖着。后来等忆如穿好衣服，灯光也恢复正常，我叫车护送她回酒店。看来真的是把小姑娘吓坏了，我劝说和商议了一晚上都没有效果，第二天忆如就把已经收入口袋的大笔续约金退还给了剧院颜老板，立刻买了最近的机票飞离西贡，返回了新加坡……

那段时期，我带去越南演出的明星、演员甚多，而因为战乱纷扰，心理和身体受伤，中途离开的也不在少数。回想起来，最严重的一次，就是我带着珍妮和安妮两姐妹到越南岘港演出。岘港是越南中部的一个港口城市和海军基地，岘港市是一座年轻热闹繁华的城市，其水天一色的长滩亦不逊于马尔代夫，拥有蓝天碧海，是当时欧洲人眼中的度假胜地。想到要去那边夜总会演出，我当然心情大好。出发前戏院老板千叮咛万嘱咐，开车途中要处处小心，注意美国士兵，注意随处可能发生的爆炸，遇事不要慌张……我应付了唠叨后就带着珍妮和安妮两姐妹出发了。谁曾料到，去岘港途中要通过一座大桥，不知情的我一边开车过桥一边看着风景，“美国兵！”不知后座是谁，一声尖叫吓到了我，还以为突发什么意外，下意识地一脚刹车踩在了刹车踏板上，差点熄火。这一脚刹车可不得了，引起了后面一连串的事情。伴随着刹车，周围枪声四起，我很清楚地感觉到，这些子弹是冲我们来的，是在用武力警告我们。我也不知道从哪里来的勇气，那时我异常镇定，把两姐妹的尖叫声抛在了脑后，好在车还没有熄火，稳稳地向桥那头开去。这时士兵们可能也明白了我们只是过路，没有停车之意，就停止了警告。一场惊吓就在更加惊吓的惊叫声中安全度过了。过桥后，我手心的汗已流到了胳膊肘，听得到自己“咚咚”的心跳声。从此之后，还有没有再见过这对姐妹花，我忘记了。

那时候，战乱多，是非也多，传闻更是众多，弄得人心惶惶。我身边的人鱼龙混杂，各色人等应有尽有，军人、大老板、江湖中人、躲征兵的戏子、记者、特务……数不胜数。我那时也不曾多想，我交朋友的原则就是：谁对我真心，我就对他真心。我也不去掺和任何政治、金钱的交道，仅仅限于交朋友。但在那种情况下，只觉得身边随时会有炸弹瞬间爆炸，突然哪个人不是没了，就是远远地逃离此处，八达酒店蔡老板就是那样从酒店一跃而下的……那时挣的都是赌命钱啊！

说到这里，我想到一个人，是一个投资片商，也是很要好的朋友。他是一个很老实的越南华侨，温文尔雅，叫作吴清华，那段时间他很照顾我的，给我漂泊在外的心灵上有一些温暖的慰藉。后来与吴清华也没联系了。那个年代，像打翻了五味瓶，说不清、道不出的滋味。

还有一个报馆的社长，行事处处小心谨慎的，他每天早上出门，都会先左看看，右看看，观察好了之后再出门的。不料有一天，在他探出头观察安全状况时，很准确的一枪打中了他的头部，当场毙命。后来得知，在他家门前有一个摆地摊的人，已经在那儿观察了很长时间，那个人就是杀害他的人。

在越南西贡时，我和邓丽君母女一起生活、工作，我当邓丽君是我妹妹，邓妈妈就像妈妈一样，亲切地叫我“阿管”，照顾着我们。那时我们住的是八达酒店里一个带客厅的套间，我住外屋，母女二人在里屋住，很多人都搞不清楚我们是什么关系，说白了就像一家人的关系。那时候我们还都是孩子，很多生活技能和常识都没有。越南晚上 12 点就戒严了，在邓家母女来之前，我们演出完都饿着肚子挺到第二天。自从邓妈妈来了之后，就会为我们准备夜宵，材料就是当天的剩饭剩菜。她用家里的电热锅煮食物，虽说都是一个锅煮出来的，但是每次还都会换着花样煮，有时候还有泡饭。那种幸福的味道我一辈子都忘不掉。那段相依为命的日子现在回想起来大都是其乐融融，但年轻人不免会闹些小脾气。有时丽君和我闹脾气，邓妈妈往往都会让我进屋去劝丽君，虽说我还在气头上，心里还是有些不太情愿，但我每次都是照办的。

记得有一次，不记得是因为什么了，我很心烦就会喝点酒，丽声戏院王成庆夫人问我是不是喝了四瓶啤酒，看我惊讶的表情，她笑道："难道你不觉得丽君已经四天不理你了吗？"看来她们闺蜜之间还真是无话不谈，我自己都没有注意到，直到邓妈妈要我去房间哄哄丽君，不要再闹小孩子脾气时我才知道。不过丽君是个性格特别好的孩子，偶尔一点小别扭，我只要稍微去劝说，马上烟消云散，瞬间春暖花开。

和邓丽君母女一起住，也是为了保护她们安全。那时邓丽君火了，喜欢她的歌迷经常邀约饭局甚至会骚扰到她们母女的生活。这些琐事一律让我这个“不识时务”的经纪人挡在了门外。当然，我们都是背井离乡出来闯荡，不免也会孤寂，我又深知邓丽君是个喜好热闹的人，为了安抚她的情绪，我经常组织演员和乐队的人出去游乐。头顿海滩也是我们经常会去放松游玩的地方。每次我们都会举行十几个人欢乐的聚会，把战火硝烟忘在脑后，然后再精神饱满地投入到演出当中，演员的关系也团结亲密得像一家人。一次，我为了鼓舞士气，演出前带大队到头顿海滩拜卧佛，打算一行人浩浩荡荡先坐大巴去海滩那边吃饭，然而一下车大家都傻眼了，正值那几天大雨连绵，雨水淹没了通往

餐厅的路，大巴开不过去，我们只好水中步行过去。作为经纪人的我义不容辞，不容分说地抱起邓丽君涉水而过。看起来柔弱娇小的她比想象中结实很多呢。当然，那顿她同样吃了很多，一整只手撕盐焗鸡轻轻松松就被她吃掉了。我一边看着她津津有味地吃着，一边想，“这还得抱回车上，会不会更沉了？”好在吃完饭回去时，雨水已经退去，没有机会让我再去感受重量了。

每次聚餐、游玩之后，邓丽君回到酒店都快乐得像只小鸟，在家里飞来飞去，但只有这次——那是在一次成功演出结束后，我组织全团人到八达酒店餐厅举行庆功宴。在那个战乱的时期，能有一个这样的饭店，大家一起围一个大桌吃饭已经很不容易了。相对于现在人们脑海中那华丽的宴会场景，当时的环境可谓简陋不堪，但每个人都喜气洋洋的，尽量穿得漂亮，就算是粗茶淡饭，也都吃得津津有味。大家进餐不到一半的时候，只听得一声雷炸般的轰鸣，震得耳朵嗡嗡响，随即而来的就是一阵激烈的枪声。“不好，赶快趴下！”我大喊着，然后把坐在身边的邓丽君按到桌下，她也是一时吓蒙了，紧紧抓住我的胳膊，我用手臂护住她的头，顶在桌底下。这时我看到酒店外的激战已经把酒店的窗户打穿，很多的弹孔，心里计算着下一步怎么逃生。好在这里似乎并不是主要战场，持续了几分钟，一阵枪战呼啸而过，枪声就渐渐远去。大家陆续战战兢兢地从桌底下爬出来，服务生跑来收拾残局，酒店老板过来解释说，好像是围捕一个贪污的高官而激发的一场内斗，已经远去了，让大家不要再担心。我扶邓丽君起来，摆正了椅子让她坐好，这时才发现，一时情急，慌乱中没有顾及她新穿的漂亮裙子，崭新的裙子已经染上了汤汁，好像还有地方扯坏了。不过她并没有生气和埋怨我，我们相视一笑，那个笑容里面充满了相互的安慰。那次回到酒店，邓丽君并没有像以往一样欢乐地哼着小曲，而是深情地抱了抱邓妈妈。没有去参加庆功宴的邓妈妈并不知情，奇怪地看着我，这时，邓丽君给了我一个眼神，我立即明白了，我们为了不让邓妈妈担心，对于枪战的事只字未提。然后，我有些失落又有些惆怅地回到自己的床上，我不知道怎么安慰邓丽君，不知道怎么和邓妈妈交代，也没有能力去控制这个局面，甚至都不知道自己是否能够在这种情况下保护好她们母女，更担心她们会像之前很多歌手一样离我而去。虽然我对那种离别的背影都已经习以为常了，但如果换做是她们的背影，我又会是怎样的心情？

我辗转反侧了一夜，无眠。第二天，我躺在床上，看着窗户栏杆上的鸟儿，叽叽喳喳。“嗨！早啊！”一声温柔又清丽的声音，我马上翻身坐起来，看到邓丽君依旧笑容灿烂，满满的暖意涌上心头。我知道，这个坚强的女孩不会因为这一点困难就退缩，什么都打不退她的。我那时有种亲人回归的暖心感，眼中涌出来的泪水，洗刷了我一夜的困惑。

之后，在一直处于战乱中的越南，这样的事情屡见不鲜，而且愈演愈烈，但身处在灯红酒绿的戏院里的我们，并不知道。一次我们应约坐车去另外一个地方，才知道战争已经严重到了什么程度。整整一条公路上，两旁全都是被脱光的尸体，摞起来在路边。他们的身上布满了弹孔，已经凝固了的血块在弹孔周围依稀可见。本来的街道，如死寂一般。但当我们的车开过时，原本附着在尸体上成千上万的苍蝇，嗡嗡的一拥而起，让人汗毛直立……那场面已无法用惨不忍睹来形容了。“为什么要这样暴尸啊？”邓丽君颤颤巍巍地问道。“不懂其中是个什么逻辑。哦对了，我还听说，整整一个村子里，400多人全部被灭光了。”司机回答。然后大家都瞬间沉默了，安安静静地开过了这条公路，只听得轮胎对马路碾压的声音和成千上万只苍蝇嗡嗡嘶叫。战争是无情的，受罪的都是无辜的百姓，也许我们能做的只是演绎出更美的音乐来慰藉大家的心灵，在这惴惴不安的年代给一个心灵的寄托吧。

就是在这种茫然的混乱之下，外面虽说战火连天、炮声不断，但是戏院的演出却是火爆得不得了，场场爆满，掌声连连。也许就是在这样的时期，人们更需要戏院里那种世外桃源的感觉，更需要音乐舞蹈的艳美，更需要心灵的放松和抚慰。当时“跑码头”风气热得很，精力旺盛的我把附近乡村跑了个遍，所到之处邓丽君都大受欢迎，随后我带邓丽君去了印度尼西亚、马来西亚、泰国、新加坡……整个东南亚跑了个遍。那时收入最高的地方，是在香港夜总会、珠城夜总会、汉宫夜总会，于是我就给夜总会提供演员。第一次带着邓丽君母女去越南演出很顺利，虽说战乱，但收入颇丰。结束了第一次档期，我们决定第二次进攻越南演艺市场。

第二次我再带邓丽君去越南的时候，就不是随片登台了。这次的演员团体就是由邓丽君领军了，艺星歌舞团也是在堤岸丽声戏院开锣，这是个有很多艺人的团体，里面有光头凌峰等大腕，但还是邓丽君挂头牌，我是老板，计划演出十天。观众的火爆程度也从戏院里升级到了明星的日常生活中，亦如今日的追星一族，哪个歌星在街上被看到，就会被围个水泄不通。我当时带的乐队每出一首歌都会像瘟疫一样感染每一个人，传唱速度惊人。那也是战火硝烟最激烈的时候。一个很搞笑的报刊竟然刊文说："某某戏院某某，在演出内容中充满鼓动战争之语言，似有不良企图……"那是我的乐队很火的一首歌《我是个爵士歌手》，里面有段歌词"打吧！打吧！就打起来了！"媒体竟然这样断章取义，说是我们鼓动战争，哈哈，好笑！虽然当做笑话来听，但也可见，当时的状况是多么混乱，人们是多么不清楚境况，百姓们也是多么害怕打仗。

邓丽君的票房是毫无疑问了，但那时我从香港带了一对美国和越南的混血姐妹花，叫作乐家姐妹，她们混血儿的长相在越南特别受欢迎。光头凌峰在我们的小剧场排了一部戏，里面就用到这对很可爱的姐妹，内容就是战乱中失去双亲的双胞胎姐妹流浪的故事。因为那时越南正处在战乱中，很多人流落街头，失去亲人，所以这部戏触动很大，受到观众一致的追捧。演出场场爆满，一场接一场，不停地演，大家都不厌其烦地看。

有一天，在我们住的八达酒店外，邓丽君母女刚起来洗漱打扮好，就听得外面很嘈杂的声音，似乎是有好多人。“我们的头牌还真是红火，这么早就有粉丝来打扰哦！”我打趣地随口说了一声。就见得邓丽君像一只欢欣雀跃的小鸟一样，轻快地落在窗边，打开窗户看到外面街道上密密麻麻涌动的人群。人们兴奋地朝我们招手，邓丽君也很礼貌地朝着人群打招呼。但没有想到的是，仔细看人群关注的方向和呼喊的名字，都不是邓丽君，这时我才意识到，我们住在酒店八层，而其实那些人是在和同酒店四层的乐家姐妹招手欢呼。此时我就站在邓丽君身旁，看到她落寞地关上窗，拉起窗帘，那种低落的神情让我心疼，也同时意识到她的演艺事业遇到了危机。那是第一次看到她露出如此神情。

第二次，是在新加坡。那时我在办亚洲电视剧演员的事情，带着演员们住在新加坡的一个酒店里，正好遇到了邓丽君，得知她和我住同一个酒店。记得那天成百上千的影迷涌在酒店门口，街道上全部都是人，真不知道那个时候的电视剧是有多火，热情高涨的影迷们拿着标语，高举名牌，堵满大街小巷。但是邓丽君可能不知道当时的情形，还以为是她的粉丝们，没想到都是电视剧的影迷。影迷们疯狂地围着那些演员，没有一个找邓丽君的。这一次，她又露出了低落的神情。事后我和她说："作为一名歌手，歌曲需要更新，总是《路边的野花》，永远就那几首歌，是不行的。"她若有所思地点点头。

1973 年，日本乐坛盯上了邓丽君，追到香港，努力说服邓家母女前往日本闯荡。那时候邓丽君的演出费是一场 500 美金，而到了日本，每个月只给她 3000 美元。不仅人生地不熟的，就连语言沟通等基本生活都困难。邓妈妈回去问邓爸爸的意见，因为邓爸爸以前参加过抗日，跟日本人打过仗，所以他很是不喜欢日本人。邓爸爸就觉得唱歌去哪里唱不行，为什么非要去日本唱？邓妈妈却是很鼓励的态度，认为应该到另外一个环境去闯闯看。在邓丽君的星路历程中，邓妈妈不仅为邓丽君保驾护航，推波助澜，还真的是在决断上很有远见。这点我非常佩服她。

邓妈妈来找我商议这件事情，毕竟那时候我算是活跃在演艺市场最前沿的艺人老板，作为亲人般的朋友，邓妈妈相信我会真心为邓丽君着想。我还记得邓妈妈问我时的那个眼神，一个母亲迫切地想要帮助和成就自己的孩子，在面临选择的时候，虽然她知道前程的艰辛，她担心、她不舍，却又想孩子可以展翅高飞，享受蓝天。对于这个问题……谁也不知道我有多么的不舍。在通信还没有那么发达的年代，这意味着我将失去一段惺惺相惜的亲情，一个可以帮助我、关心我、像母亲一样照顾我的邓妈妈，还有一个活泼可爱让人疼惜的妹妹，更是一个优秀的头牌明星。但是为了邓丽君以后的发展，这个为了唱歌而停止了学业的孩子，她去到日本会有更大的学习和发展的空间。虽说日本方面提供的薪水不高，但在当时，日本娱乐业的发达和较高的教育水准，那个很不错的唱片公司是她最好的选择，她将受益匪浅。而且，我深深知道，邓妈妈其实心里已经有了选择，只是需要别人的肯定。我坚定地拉着邓妈妈的手说："丽君没念过什么书，虽然现在已经很红了，但只有日本可以把她包装得更好，我觉得三年的合约很稳定，就去闯荡吧。"邓氏母女的这一决定，成了邓丽君演艺生涯的重要转折。也从此结束了我们三人相依为命的日子。

人与人之间的缘分真的难以言说，在我最生龙活虎、年轻气盛、誓为事业肝脑涂地、不畏生死的年纪，遇到了这对清澈甘甜如泉水的母女，也是我修来的福分。当年的风雨相携、同舟共济的日子，让我们作为朋友、亲人怀抱着一颗真诚的心，牢牢记在心底，小心珍藏。记得前阵子有一篇很火的文章，是一个学生写给未来的自己的。里面有一句话我很喜欢，也很恰当地刻绘出我对邓丽君的寄望："愿你出走半生，归来仍是少年。"我心中那永远清澈如水的"邻家妹妹"。

于是，1974年，在邓爸爸默许之下，邓妈妈陪着邓丽君飞去了日本。在那里，她们母女不仅要克服语言不通，饮食不习惯，而且日本人很重效率，艺人往往都是掐着时间赶通告，经常一点休息时间都没有。为了学好日语，邓丽君把注音、符号、汉字、英文音标、罗马拼音全都用上了，歌谱上密密麻麻地标注着只有她自己能看得懂的注释。如此努力之后，邓丽君的第一张唱片却反响平平。倔强不服输的邓丽君该承受多大的压力，我想要是没有邓妈妈的陪伴，那段艰辛的日子她肯定是熬不过的。只可惜，我没法陪着她们了。

一年后，一首《空港》让邓丽君获得日本第十六届唱片大奖，最佳新人奖。记得她在台上哭得很伤心、很动情、很让人心疼……这一首歌的成功也让她登上了事业的一个台阶。此时的邓丽君已经成了一个真正的天后，歌唱技巧和舞台表现都有了质的突破，站在了整个东南亚的巅峰之地。

就在这时，却出现了所谓的“邓丽君持假护照”事件。此风波闹得满城风雨，也给她的事业带来了不小的冲击，尤其是给她的心灵蒙上了一层阴影。日本一年之内不许邓丽君入境，台湾当局也禁止她回到台湾，曾经那些她最熟悉的地方此时也变成了离她最遥远又陌生的地方。好在有邓妈妈这把温暖的大伞，在母亲的陪伴下，邓丽君母女二人搭上了飞往美国的飞机。这也算是因祸得福吧，邓丽君开始了轻松又惬意的一段美好时光。

在那里，她远离喧嚣，求学散心，回到家有邓妈妈精心为她准备的她最喜欢的饭菜。这一切是她自退学之后第一次享受如此安逸的人生，也算弥补了她之前中断学业的遗憾。之后，被“解冻”了的邓丽君又忙碌得不可开交，出了很多风靡全球的专辑，创下了多个乐坛的纪录。

随后，邓丽君十五周年巡回演唱会拉开序幕，整个巡演跨越东南亚，最后回到台北市。那时我在马来西亚忙着开酒吧，圈中朋友一提到邓丽君都是崇拜的表情，可见她已经红得透彻，红得深入人心了。那时她的演唱会门票真是一票难求，由于打听到我和邓丽君之前尚有合作关系，向我求票之人也是不计其数，我倒是一个都没有应许，只觉得心里不免有些担心，她心里承受得了吗？她的身体承受得了吗？后来又得知邓妈妈因为邓爸爸病重而回台湾照顾，我更加担心。虽说那时邓丽君已年过三十，但在我心中她还是那个不谙世事的小女孩。再后来听说她去了法国，就很少出来露面，我深知那种被商业市场煎熬的痛苦，以及力不从心的无奈，太多的负面报道也让我无从清楚她到底近况如何。

在这段时间里，大家都各自忙着自己的事业，没有联络，只有邓妈妈还经常关心着我。在我第一次买房子的时候，邓妈妈送了我很大的礼，整套的沙发和整套的餐桌。马来西亚有个很有名的歌手叫李逸，和邓丽君同属丽风唱片公司，他因车祸去世的时候邓妈妈给我笔钱作为帛金让我转交给他家人。小事上面邓妈妈也很关注我，我的鼻子里一直有一个小瘤，我大大咧咧的不在意，邓妈妈非要我去医院做手术……真的没有见过这么好的星妈。

然而，再见邓丽君，就是迎接她遗体的时候。

1995 年 5 月 8 日，刚好是我 45 岁生日。那时候我的酒吧事业也算做得风生水起，身边很多的朋友围着我，在我马来西亚的酒吧里给我开生日派对。正在大家一起庆祝，兴高采烈之时，接到了一个电话，瞬间，什么心情都没有了。电话那头是一个在新加坡电视台做导播的朋友打过来的。

“你知道邓丽君出事了吗？”

“啊？我不知道。”

此时的我虽说脑袋“嗡嗡”作响，但是心里却并不相信，邓丽君火了之后，经常会有不实的媒体报道，乱七八糟的，我都不相信。

“你明天一早来电视台上节目吧。”

第二天一早六点钟，我就赶回新加坡去做《早安，您好》的节目采访，整个采访的过程我还都是浑浑噩噩的，那时候的心神不宁已让我害怕。下了采访我就给邓妈妈打电话，我来不及管顾任何事情，马上联系了五弟还有蔡律师，订机票即飞台北，就想马上飞到邓妈妈身边。虽说已经坐实了邓丽君去世的噩耗，但是我心里还是不接受这个事实的。

林煌坤开车从机场接了我们去靠近台北中山纪念馆的邓妈妈家。我来到邓妈妈屋子门口，整理了一下慌乱的衣装和心情，轻轻推开小屋的门，屋里充满哀伤、悲痛和压抑的气氛，邓妈妈就坐在那里。我安静地走过去坐在了她的身边，邓妈妈慢慢抬头看了我一眼，说:“刚才王菲就坐在这里，刚离开。”我不知道回答什么，“嗯，嗯”了两声，一手托住她的手，想了一下还是不知道说什么，就用另一只手盖在了她的手上。陆续还有几个亲戚朋友进来，就都这样静静地等着，等着邓丽君的尸体运回来。这种压抑的情绪，我也不知道持续了多久，只觉得时间和空气都凝固住了，直到邓妈妈跟我说话：“丽君身体不太好。感冒有一段时间了，今年初的时候她就感冒了，一直都没有好。两天前还通了电话，劝她不要去，哎！就是任性不听话。”然后我们聊起了一些近况，我们的情绪也慢慢舒缓了下来。最后，邓妈妈悠悠地说了一句：“阿管啊，丽君走的是时候。”听了这话，我心里一团迷雾，怎么邓妈妈会说这样的话，正在回味其深意，邓丽君的遗体就运了回来。当时昏暗的情景也使得我脑中一片空白。

说实话，可能是噩耗来得太猛烈，我还来不及回神，在看到遗体时，我都没有太多感触。但直到公祭的时候，来了很多很多的人，看到她的棺木在那边，我靠近她的棺木的时候，面前一张大照片，就在这时候，我猛然感受到一种不可思议的感觉……这件事是真实存在了。一股低落和悲伤的情绪，堵得我心口好痛，泪水也不知是什么时候淌出来的。邓妈妈也是这样，直到女儿下葬的时候才哭出来。我们也并没有要故作镇定，就好像这个时候是要镇定的，不能表现得太悲伤，也许那个年代的人是这样吧。

我感觉邓丽君在她去世之前那段时间，并不快乐。她不健康，身体坏了，皮肤也不好了，体型臃肿。所以那段时间她很少露面，她再出现在媒体前的形象，已经黯然失色，没有那么艳丽和朝气，光彩不在了。所以她才会去治疗身体和心理。为什么我认为她并不快乐？她本身是一个倔强而又潇洒的人。相比较下，她拒绝郭孔丞的时候多潇洒。

记得当时是 1981 年，听说邓丽君要结婚了，未婚夫是马来西亚首富香格里拉酒店集团总裁郭鹤年的儿子，著名的糖业大王郭孔丞。听到这个消息，我是既欣喜又担忧，欣喜的是郭孔丞是一个好人，没有一般富家子弟的娇气和霸气，邓丽君也是选择嫁给爱情的人，将近而立之年的她能够寻觅到自己的爱情是多么美好的一件事啊！担忧的就是，人人梦想的豪门其实没有那么容易进，邓丽君倔强又耿直的性格是否能够受得了呢？这对于大多数要嫁入豪门的女明星，都是一个坎。不料就在两人挑选婚期准备婚礼之际，郭孔丞的祖母突然杀了出来，她对邓丽君提出三个条件：一是要邓丽君将过去的历史交代清楚；二是嫁入郭家之后，立即退出演艺圈；三是断绝与娱乐圈朋友的来往。邓丽君是个自主性与自尊心都很强的女孩，对于她来说，提出这种条件就是在侮辱她的工作。蔡敬礼律师跟我说了当时的情景——邓丽君伸手跟他说："有没有五千块？拿来！"然后大步走进郭孔丞的办公室，随即把戒指和钱还给了郭孔丞，转身离开……就这样，分手了！其实这个决定对于邓丽君来说是一个很难又很大的决定，但她是邓丽君，她不缺那些东西，她向往自由和自己的工作成就，所以潇洒地处理事情，就是她的性格。再对比之后她在法国的状态，很是心疼她，如此潇洒自由爱音乐的人，却因为自己的身体不好、皮肤不好，这些她自己无法控制的原因，而使她无法登台，也无法自在快乐地生活。

这一点上，我非常能理解，可以说是感同身受，自从中风之后，我就是一个病人。但我又是一个好强的、倔强的、自尊心极强的人，力不从心的痛苦，不仅仅是身体，更摧残的是内心，一点点瓦解、一点点吞噬自信。

“阿管，丽君走的是时候……”这句话一直徘徊在我耳边，久久不能忘却。是的，我后来慢慢理解了邓妈妈的意思，那是因为邓妈妈看着邓丽君从成长到辉煌再到下落的整个过程。曾经她是那么的光芒四射，但是到后来，在所有人心中她还应该是星光四射的时候，她的身体却已不足以支撑了。在香港的时候，邓丽君和闺蜜林青霞在一起出去玩乐时，她已经在那个圈子里感觉有些不自在了。

一直都是孤身一人的她，并不需要钱，如果在意钱，她当初不会离开郭孔丞。那邓丽君缺少什么呢？一个懂她的男人。这个男人的关爱不仅能够陪伴和关怀她，还能给她抗争身体疾病和衰老的力量。记得她在一个采访中坦言，说是想治好自己，调整好之后再重新发光发热。所以，这样看来，那个小孩子保罗是不能给邓丽君带来这些的。邓妈妈是睿智的，她知道女儿想的是什么，要的是什么。在整理邓丽君遗物的时候，发现一张她曾经写下的一段歌词：“一切都是为了年少的野心而开始，只想惶恐滩逞雄，不理黑暗的陷阱，为何独立细雨中，是否世事难预料，英雄末路当折磨，身世浮沉雨打萍，天涯何处有知己？只愁歌舞散化作彩云飞。”想必一句“天涯何处有知己”触动了邓妈妈对女儿的心疼，这是邓丽君心头隐忍的情愫。邓妈妈深知女儿这一生有多么的坎坷，从还没出生，就差点允了给别人，小小年纪就登台唱歌补贴家用，直到可以养活全家，最后大到房子，小到杯子，都是邓丽君买的，她对家里的贡献之大真是无法言说。感情之路那么坎坷，她那么单纯，那么用心，却每每都受伤很重……邓妈妈看在眼里，痛在心里。直到最后一个男友保罗，那个不谙世事的法国小男孩，整整小丽君十五岁。邓妈妈不能说全然接受，但她仍然想听听女儿的想法，是想要嫁给保罗吗？不想女儿的回答十分的平淡：“不想嫁，但日子不就是这样过吗？”听到这样的回答，做妈妈的不免心头一酸。忙忙碌碌、兜兜转转那么多年，时间都去哪儿了？女儿早已年华逝去，但她渴望的是否已经拥有？还是从未拥有过呢？唏嘘长叹一声，芳华已去，了无牵挂。作为一个巨星，在最璀璨、最光芒四射的时候陨落，也是一种美。不会有人看到邓丽君的落寞；不会有人用枯萎的面容去更新邓丽君在人们脑海中那甜美、迷人、清丽的记忆；不会再有人能够覆盖这只有“邓丽君”三个字才能配得上的“十亿个掌声”的称号……人们都仰望着这颗璀璨的巨星，闪耀在天空中，永远看不到她陨落的过程。她，高不可及。

我一直陪着邓妈妈直至公祭那日，也称“头七”。我站在列队外鞠了个躬，人太多了，也没送邓丽君到金宝山下葬。那天邓妈妈写给邓丽君一封信，内容是这样的：

> 丽君，女儿！你听到妈妈在叫你吗？妈妈曾一再地叮咛，要把身体保养好，你就是不在乎，又用“已经好多了”来安慰妈妈。唉！现在说什么都已太晚了，妈妈真的气你不听话。
>
> 今天是你发生不幸的第七天，也即是习俗中的“头七”，又适逢母亲节，以往你在身边，总会一大早拿一朵白康乃馨，为我佩上，纪念你外婆，自己佩上一朵红康乃馨，再神秘兮兮地拿出早已选好的礼物。即使你不在身边的时候，也都会打通电话

来贺节，使我不论你在何处，都会感受到那份温馨。

记得你父亲过世后两年多的一天晚上，你自香港来电话，问我：好吗？我奇怪地问你：有事吗？你回答说没事。第二日上午十点多，家里门铃响了，我纳闷地在想是谁来访，打开门吓了一跳，只见你拎着行李回来了。你调皮地笑着说："母亲节要给你一个大惊喜。"我才知道当天是母亲节，母女俩过了一个温馨的母亲节。

女儿！你为什么那么不注意自己的健康呢？到今天已是"头七"了，我才开始渐渐接受此事。

尤其是热忱、执着的广大歌迷们给予的肯定与支持，稍解我胸中的痛楚，但事实毕竟是事实，再残酷也得接受事实，但愿由于你的不幸，能唤起大家对健康的重视，不再因自己的疏忽，造成一个家庭的不幸。

今天是母亲节，由悲痛的我，伴你过头七，现在轻轻地告诉你：女儿！安息吧！愿你不再辛劳了，你所坚持的信念，大家都也知道了。

不知道为什么，我胸中总有一团团的痛，这也是我心中永远永远的痛，千言万语也诉不尽。但是，女儿，安息吧！

母字　1995 年母亲节

所有见过这封信的人都被这个悲痛得无以复加的母亲深深打动。可惜，再哀痛的呼唤也叫不醒已然逝去的魂灵，再滚烫的眼泪也捂不热早已冷却的体温。邓丽君走了，带着一生的荣耀和一身的陈疾，她终于与这个世界做了最后的诀别，如此匆忙，如此残酷。

邓丽君曾留下过无数甜美动人的歌曲，传唱了 20 多年，影响了整整一个时代。可有谁知道，就在她生命临近尾声时，她曾拼命揪住剧痛的胸口，使出余下的全部力量，不断发出微弱的呼喊："妈妈，妈妈……"

"妈妈"是她留给这个世界的最后一丝声音，母亲赵素桂是她人生里最牵挂、最放不下的人。

邓妈妈曾说过这样一段话："好几次我们一起从外地赶回家，看她睡在摇摇晃晃的车里，我就会在心底悄悄地说：'谢谢你，乖女儿。'但这句谢谢，我却始终没有说出口。丽君对家里真是没话说，她走了以后，我只要一个人待在家里，看到眼前所有的东西，都是她的影子。她买的房子、我身上穿的衣服、盖的被子，甚至家里的杯子都是她买的。我也不知道为什么，就特别想对她说谢谢。可是，她听不到了。"

2004年12月21日邓妈妈赵素桂与世长辞，享年78岁。母女二人终又在天国团聚，也许这时邓妈妈会把那句谢谢说给女儿听。邓丽君是否会唱这首歌给妈妈听呢？

《妈妈的歌》是邓丽君的专辑《水上人》中的一首。

记得小时候
妈妈教我唱歌
唱一首短歌
啦～
没有美丽的旋律
也没有跳动的音符
却有妈妈的爱心和关怀
我把它藏在心窝
直到永远永远
直到我老了的时候
记得小时候
妈妈教我唱歌
唱一首短歌
啦～
没有整齐的歌谱
也没有旁人来伴奏
却有妈妈的祝福和希望

我把它藏在心窝

直到永远永远

直到我老了的时候

“如果没有遇见你，我将会是在哪里，日子过得怎么样，人生是否要珍惜……”夜阑更深，万籁俱寂，忽然从唱片又传来一阵熟悉的歌声，轻轻柔柔，却又感人肺腑！

这首《我只在乎你》是我很喜欢的：人生无涯，人的一生中遇到的人无数，却大多如不相干的路人各走各路；但是在冥冥之中却又似乎注定你要走向一个地方，无法逃避、无法预知却又注定要去。如果当初没有遇见“你”，如今的我会是在哪里？会过得怎么样？看似平淡的歌词中其实已经隐含了明确的答案：“因为有你，我才会珍惜自己！”

林青霞说邓丽君：“她会把朋友照顾得无微不至，却从不肯把自己心里的苦与孤独让朋友分担。”是啊，邓丽君太善良了，善良到不愿给别人带来一丝一毫的麻烦，她用心保护着身边的所有人，承担了所有。

台湾著名幽默作家赵宁在缅怀邓丽君时，曾这样评价：“她胸怀千万里、心细如发，不管走到哪里都心系故乡和家人，面对各种恶意的攻讦，始终一笑置之。”

邓丽君的时间，定格在 1995 年 5 月 8 日。音乐人沈永阁和摇滚圈的朋友为她做了一张唱片，叫作《告别摇滚》。被邓丽君启蒙的一代流行音乐人，用音乐表达了他们的敬意。

为什么喜爱邓丽君？我对沈永阁的回答记忆深刻，他描述了一个画面：《拯救大兵瑞恩》里，在最后的守桥背水一战之前，士兵们在一个残破的小镇上做最后的攻防准备，等待德军大部队的到来。这时，突然有人搬出来一台收音机，著名的法国香颂《玫瑰人生》就这样飘了出来。士兵们瞬间就呆住了，他们沉浸在这歌声里，话题从战争突然变成了远方的亲人和幸福时光，歌声使士兵们从残酷的战场，短时间解脱出来。“这种感觉，就是在重压之下，突然可以‘吁’

的一声，长舒一口气，意识到还有美好的存在。”准确地说，“邓丽君的歌声，对于我们那一代人，就是这样的。”

“吁”长舒一口气，就是这种舒坦的感觉。丽君，你很成功，你在天堂可以轻松地长舒一口气了，你的“骄傲”无人能比，你可以安息了。

1995年之后我就没有再过生日了，虽说每年到了5月8日那天，朋友和家人都想为我祝贺，但我执意不过，只是因为很难在这悲痛的日子让自己开心地吹蜡烛、切蛋糕。有些回忆是痛苦和不愉快的，我已尘封多年的往事实在是不想被挖掘。每逢5月8日，都会有君迷们铺天盖地地发布关于邓丽君的信息、音乐、报道，无论是缅怀、纪念、哀悼，都会勾起我为她送行时那无比沉重的痛楚，我又怎能心怀幸福地去为自己庆生呢？这种心情，我和我的母亲聊过，她很理解我，也很尊重我的决定。所以自此之后，每逢5月8日，我会陪妈妈吃顿饭或者聊聊天，感谢她的养育之恩，但不会再和朋友庆生了。

之后的时间我奔波于事业，倾心于生意……直到2001年，说是突发事件，其实来得也不无道理。我中风入院！2001年7月13日，黑色星期五，也是中国在俄罗斯宣布主办2008年奥运会的时候，当时我真的是兴奋过度了，从凳子上一跃而起……那是生死线上的较量，后果是从未有过的那种失去控制、失去自我、茫然无助的感觉。一个月后我出院了，把“生日”定为了“重生日”，从2002年后，7月13日就是我新的“生日”了。

君迷之见

邓丽君是传奇。

2011年的初冬，那时候我还在经营我在北京的“五十年代情调酒廊”，酒廊开在东三环农展馆旁边，生意非常红火，演艺明星、东南亚大佬、港澳台商，纷纷前来，络绎不绝。也许是名噪一时，也许是风格独特，也许是对老歌的欣赏，我的酒吧也吸引了一些报社、杂志、商会的人来一探究竟。来者是客，我都敞开大门，反正我做生意坦坦荡荡，交个朋友也无妨。众多访客中有一个不太一样的访者，让我别有兴趣，他就是中国邓丽君歌友会的会长加林。那天，他是和小赵（林枫）来访，我看到一个斯斯文文的年轻人，心想是不是又是某个小报的实习生，就没有太过重视。不想聊谈几句发现，这个年轻人很有思想和情怀，还有就是，一定也是个行动派。那天我们聊了很多，这个年轻人让我了解到邓丽君在中国的影响力。虽然我知道邓丽君在华人圈，以至于全世界都是极具影响力的，但没想到的是，时隔十六年，邓丽君不仅没有销声匿迹，反而成了一个传奇。她的浅吟低唱，不只是一代人的流行音乐启蒙，也是一代人的心灵慰藉。“邓丽君三个字，拥有开启陌生人心灵的法力”加林会长这样说。是啊，对于已经把邓丽君的歌声与自己的人生紧密纠缠的那一代人，缅怀是一种本能，甜美的歌声是不会被时光冲淡的人们内心恒久的暖意。他们反复追忆的，其实也是自己的人生。

“不仅仅是老一代人，年轻的一代在歌友会里也非常多，90 后，甚至还有 00 后。”加林会长又说。

“哦？这个你要说说看喽！”

“关于 90 后、00 后的年轻人，说来就话长了。这个要提到我们的宗旨了，我们的宗旨之一就是‘传承’，要做到这一点就需要新生力量，把邓丽君的歌、精神传递给下一代，也是我们的首要任务。”

说到这里，都能看到加林会长的眼睛发亮。我跟他碰了一下酒杯，问道：“那资金你们是怎么解决的呢？”

这时候不出所料的，加林会长眼里飘过一丝忧虑：“只要坚持，就一定能一直做下去。”

我拍拍他的肩膀：“这是一条很艰辛又漫长的路，加油，年轻人。我会尽我所能去帮助你的 。”临走前，我们合影留念。

回去以后我也反复思考了关于邓丽君歌迷的事情，我知道“邓丽君情怀”是广大歌迷所追求的，并且每个人都情深意浓，过去也有很多团体组织找过我,但是我看到的大多是自娱自乐，联谊唱歌，也没有太多关注。这次“传承”二字一直萦绕我脑中，我觉得传承真的是当务之急，毕竟老一代的人们渐渐老去、远离，那种“情怀”会从此消亡。这难道不可惜吗？我想，在这方面，我应该鼎力支持。于是，我开始了解“中国邓丽君歌友会”的资料。

君声丽影 芳华廿一
中国邓丽君歌友会

中国邓丽君歌友会（简称：中歌会）成立于2002年11月8日，是民间自发形成的非营利性社会公益团体。目前已发展为中国最大和最有影响力的邓丽君歌迷组织，共有四十多个分会遍布海内外。

使命：身体力行诠释“邓丽君文化”的含义。

德：自强不息的奋斗精神和高尚的情操。

艺：独一无二的邓氏唱腔所创造的传奇。

善：行善仗义的侠骨柔肠及博爱的理念。

宗旨：团结广大君迷，平等交流，弘扬真善美，传承和传播邓丽君文化。

嗯，看来这是一个很有想法，并德艺双馨的团体，我很认同他们的理念，想尽力帮助他们。我把林煌坤、左宏元等等和邓丽君有关联的朋友都介绍给加林会长认识，为的也是让君迷们更深入地了解邓丽君。

这次要写这本书，我特意叫蓓蓓采访了加林会长，希望从他的角度多了解一些君迷的情况和歌友会的状况，毕竟十五年了，对于这样一个团体走到现在一定经历了不少艰辛困苦，但十五年都坚持下来了，说明它存在的重要性，不可小觑。看看他们谈话的内容，能够触动我们什么？

问：“加林会长，作为一个如此庞大的歌友会的会长，在您眼中，什么是君迷？什么是真正的君迷呢？”

答：哦，这个问题我还真的认真研究过，我个人认为，君迷有广义、狭义之分。

一、广义的定义：喜欢听君歌（不喜欢君歌而仅仅是喜欢她的“人”的人，貌似没有吧？包括当年几个追求她的，相信都喜欢她的歌，除非这人没有音乐细胞。且我以为，凡喜欢她的，必定连同她的歌。当然，喜欢的程度因人而异。晕！好拗口……）或简单地说：喜欢她，就是君迷。当然，也有同时喜欢几个歌手的，这里分为两种：一种是听而不迷，一种是有侧重点的“迷”——分量重的一头在君，自然就算君迷。

二、狭义的定义：即以前我们所讨论过的各种派别，专注于君的某方面，对其他方面不予关注或很少关注。

1. 演艺派 / 欣赏派 / 自娱派：仅喜欢君歌（这里包括仅喜欢听或仅喜欢唱或仅喜欢听且唱，如许多唱君歌的艺人都属于演艺派）。这里有必要扩展一下，自娱派里还有这么几种：

（1）除了喜欢个人听或唱以外，还喜欢组织同好者利用网络空间进行交流，或不定期组织举行现实中的聚会、K 歌等，内容丰富多彩，形式不一而足；近年来翻唱邓丽君、举办邓丽君歌曲演唱会的人逐年增多，有人在听过原版之后，喜欢亲临这些演出现场，只为感受体验那种怀旧的氛围。以上两类都是借助这些方式抒发喜爱和怀念之情。以前也有人称前者为“组织派”。后者也可划归为欣赏派。

（2）除了喜欢个人听或唱以外，还喜欢动笔，爱君之情通过文字予以抒发，包括各种研究君的文章（这里跟以下的研究派有所交集）、文学作品等等。由此延伸，还有人喜欢用另外的方式，比如建君网、设计君图或其他艺术作品等等，寓个人的情感于其中，可谓异彩纷呈。

2. 研究派 / 收藏派：对她除了歌声以外的其他方面感兴趣。比如她的专辑版本，比如她的经历、传记，比如她在音乐史上的地位和影响；收藏她的影音、照片以及一切有关她的物品等。

以上凡此种种（可能还有疏漏的），相互之间往往有交集，可能有人既是自娱派，同时又是研究、收藏派，这也是正常的。

问：“那您认为什么才是真正的君迷呢？”

答：这个就是重点了。相信每个人心目中都有一己之标准，也相信每个爱君之人自信自己是真正的“君迷”。但个人认为，严格来说，这个并没有固定的答案，因为“君迷”本身就是一个广泛的自发的群体，并不存在某个标准。如果非要给出这个界限不可，只是作为歌友之间的一个交流话题，讨论一下也无妨。先说说本人心目中的标准，欢迎各位踊跃发言，试看如今爱君之人心目中的标准究竟如何？

本人认为：真正的君迷应该符合如下几个标准：

一、 爱她，能够包容她的一切。这是毋庸置疑的。

二、 能够分清理性和感性之间的界限，客观理智地看待和评价她的一切，并客观理智地对待别人对她的评价，包括优、缺点。优点和地位，没必要人为拔高和用词极端，拔高和极端就是过了。缺点，也没必要回避，所谓“人无完人”。有人说，真正的君迷就是要爱得走火入魔，就应该神化偶像，走极端路线，因为君本身就是绝对的、无可超越的……要我说，粉丝迷恋偶像，觉得偶像在心目中是完美无缺、无可超越的 No.1，本身无可厚非，但如果这种“走火入魔”的心态超越了人之常态，演变成只许褒扬的“一言堂”行径，就是违背了艺术的审美规律和法则，说难听一点，实质是心理的严重扭曲。要明白，艺无止境，百花齐放，“邓氏唱腔”绝无仅有，但并不能代表整个歌唱艺术。

三、 能够客观理智地对待其他艺人和翻唱演出，包括与君同时代的其他歌手和近年来持续举办的各种邓丽君歌曲演唱会等。这个已多次讨论，不再赘述。

四、 能够客观理智地对待不同类型的歌迷和歌迷的不同见解。有人喜欢聚会，有人喜欢收藏，有人却喜欢独自听歌……有人但凡君歌就喜欢，有人喜欢小调，有人却只喜欢日文歌……萝卜青菜，各有所爱；人人都有表达自己喜好的权利。

五、 能够处理好爱君和现实生活的关系，不至于因爱君而影响到自身正常的生活。

六、 爱君的最高境界，是不但自己欣赏君和不遗余力地宣传君，而且为人处世也以君为楷模，学习她勤奋努力、自强不息的奋斗精神，弘扬她真善美的高尚情操和博爱的精神，并以自己的身体力行，帮助和影响身边的人。

问:“在中歌会中,90后、00后、甚至更小的歌迷会员有吗?所占比例是多少呢?”

答：关于90后、00后这个事情，说来话就很长了。因为，我们中歌会有这样一个宗旨，就是“传承”，但是真正要做到传承还是得靠年轻的力量，尤其现在有互联网这么一个载体，对于年长的人，毕竟在这方面有所局限吧，所以老一代的人很难做到传承。基于这个宗旨，近几年，我们调整理念，把精力更多地投入到怎么来发掘年轻的君迷歌手。想通过他们来带动和感染其他的年轻人，使他们对邓小姐产生兴趣，并深入去研究，然后加入到我们这个队伍当中来，就是这样的一个过程。比如：

- 2006年6月19日，上海部分君迷受邀参与东方电视台《东方新人》栏目之《回首又见君》节目录制。

- 2006年8月6日，由中歌会发起，来自香港、澳门、佛山、广州、惠州的君迷一行25人在深圳欢聚一堂。到场的君迷横跨各个年龄段，最大的跟邓丽君年纪相仿，最小的13岁。

• 2012 年 5 月 3 日，由中歌会组织参与的天津卫视《王者归来》栏目第二季之“十大巨星模仿秀·邓丽君模仿秀专场”播出。

• 2012 年 8 月 1 日，中国邓丽君歌友会“君歌飘飘”艺术团 QQ 群开通。旨在汇聚各地君迷演艺精英，在中歌会的旗帜下，为传唱君歌而努力。

• 2013 年 7 月——8 月，由中国邓丽君歌友会主办的首届全国“我唱邓丽君”歌曲大奖赛在江苏周庄 / 昆山成功举办，邓丽君文教基金会董事长邓长富先生亲临现场宣布启动。本次活动报名者达百余人，现场观众达数百人次。

• 2015 年 7 月 12 日，小歌手戴韩安妮在北京保利剧院成功举办“我只在乎你”邓丽君经典交响音乐会。

为了激发年轻人的热情，我们举办了很多的演出和大赛来传播邓丽君文化。经过我们多年的努力，现在不仅 90 后，

00后的君迷也多了起来，年轻人的占有率达到三分之一还多。有一个问题是这样的，年轻一代对邓小姐的这种喜爱或者参与方式跟长辈不太一样，20世纪五六十年代的人，甚至七十年代的人往往都是自娱自乐性质的，更多地停留在聚会，唱唱KTV，仅限于此。但是年轻一代的想法就会有很多，他们喜欢挖掘新鲜的事物和方法，他们用新颖的方式表达对邓丽君的爱。特别要提到一位名叫关亚伦的90后歌迷，这位歌迷非常厉害，对邓丽君的歌曲研究很深，让我们这些“老人”都很佩服。他自己写了一本书叫《邓丽君唱片词典——历年唱片介绍收藏指南》，对邓丽君历年来的所有作品进行深入、系统地分析，非常受“君迷”的欢迎。

问：“作为一个自发的团体，你们是怎么坚持原则，经历了十五年走到现在的？肯定会有资金问题吧？那是如何闯过难关的？”

答：资金问题呢，我们还没有找到特别持久的方法，首先来说是不能强求，就是随缘吧，一般就是两个渠道，一个是我们大家自发的，会员众筹，拿这些钱去做一些我们想做的事情，包括公益活动。还有就是社会上一些喜欢邓丽君的热心的企业家赞助我们。这种赞助不一定都是出钱，可以变换成其他的方式，比如说有一年我们拍摄《我只在乎你》的MV，北京一个企业家免费给我们提供了一辆大客车，拉我们到各个景点去拍摄。还包括我们摄制组十几个人的住宿，住了好几天，都是他安排的。这也是一种资助，不一定仅仅是金钱。这么多年我们也非常感谢社会各界对中歌会的关心、帮助还有支持，包括各种形式的赞助，就是真的是非常感谢，如果没有这么多人的全力投入，不会有我们，也不会有今天的这么多成果。这本书将来出版了，也希望借助管老师的书，能对社会各界的一些喜欢邓丽君的有识之士，对他们的帮助表示衷心的感谢。

其实说到资金，一谈到钱就是很敏感的问题，容易出是非，所以这么多年我们都谨小慎微，怕被人误解。我们联系、考察、和各种方面去谈，去沟通，大都无果，哎！很多特别好的项目我们都因为资金而放着没有做，还是那句话，本着随缘的原则吧。就比如前几年管老师推荐我们去观音山那边谈了一个由广东观音山国家森林公园和中国邓丽君歌友会联合主办的“观音山·邓丽君慈善金曲演唱会”，计划邀请10位在国内小有名气的“小邓丽君”歌手到场献唱邓丽君的经典金曲，并将现场筹得的善款用于助学用途。此次演唱会暂定连唱三场，除了纪念邓丽君之外，还有慈善性质，目的是为邓丽君家乡河北大名的丽君小学募集善款。这间小学原本是由台湾邓丽君文教基金会援建的，去年我特意去当地考察过，发现条件并不好，操场没有建起来，教学楼从外面看还不错，但里面其实非常缺乏相关教学设备。我考察完后一直想找有实力的单位合作，为这间小学做些事情，很高兴现在终于找到了“观音山”这样的合作伙伴。为了搞好演唱会，中歌会很早就与广东观音山国家森林公园开始了筹备工作，这次打算邀请10位在业界比较知名的“小邓丽君”歌手到场。这么多年来，我接触了很多靠模仿邓丽君成名的艺人，有的人懂得感恩，对我们中歌会的活动非常支持。我们毕竟是民间自发的非营利性组织，资金有限，她们对于我们的一些纪念活动或公益性活动，都是不计酬劳的。而有的人却很看重钱，表面上好像很仗义，实际上却很计较，让我们挺失望的。但是后来困难重重，其一就是那边老板要签十年的合约，要我们每年免费找十个歌手，这个太难了，歌手也要吃饭的啊，最后此事还是不了了之。但我觉得努力没有白费，从整个策划和君迷参加的热情可以看出，我们的付出都是被认可的。

问："看到你们的《大事记》里，公益行动很多，您是怎么看待'公益'这件事的呢？"

答：与慈善机构一直在合作，这么多年，也一直在坚持。上海歌友会、青岛歌友会还有吉林歌友会，每个月都做一些公益的活动。比较典型的就是上海歌友会，他们坚持基本上每一两个月一次进社区公益演出。还有就是跟敬老院合作，把邓小姐的歌声送进这个敬老院，然后给敬老院捐赠，不一定是钱，有时捐献一些物品。然后就是一些企业赞助我们做一些公益演唱会，通过演出门票的收益，把这笔款直接捐给那个慈善机构。举个例子，2016 年我们在杭州做了一场比较大的公益演唱会，请了很多内地有名的歌手。当时邓小姐的三哥也来了，各地歌友会的会长也来了不少。这是我们历年来，规模最大、最专业的慈善公益演出。我们觉得这次演出非常成功。

冠名单位向杭州慈善机构当即捐款十五万，影响也非常大。还有就是邓小姐的老家大名县，我们发起的捐书助学活动连续捐助了好几年，学校就是邓丽君祖籍地大名的丽君小学。最早是2005年，我去那个学校，觉得那里真的是很穷，2014年我又去了一趟，时隔9年，那里几乎没什么变化，也就是扩大了一点。也因为扩大了，但是没有钱，所以操场空荡荡的，满地的黄泥，破旧不堪。先不说“观音山”的慈善演出没有做成，后来又有一个广州的组织找到我们要合作，想在广州做一场纪念邓丽君的大型演唱会，让我们帮忙联系大名的小学领导来参加一个捐赠仪式，这个事情我们也帮忙促成了，当时好像说要捐赠一些教学用品。但是后来过一段时间我再去那个小学，校方告诉我说这个捐赠的事情一直都没有落实，在我再三的催促之下，教学用品运送过去了，据说是一个在淘宝购买的一个很小的ipad。我当时有一种被利用了的感觉，再加上那场演出我还介绍了两个歌手过去，但之前承诺的报销往返路费到最后也没给人家，为此我很是气愤，虽说最后还是握手言和了，但是我觉得公益不是拿来作秀的，如果想要利用公益的噱头，那太不道德了。请不要打扰人家本来平静的生活，好吗？

问：“管先生一直很支持你们的活动，这么多年来很看好你们的努力。”

答：认识管老师是我的荣幸，这么多年的接触，我觉得可以用侠肝义胆来形容管老师。他是很仗义的一个人，处处为别人着想，不遗余力。他介绍我们认识了很多跟邓丽君息息相关的人，还有一些热情洋溢的明星艺人。他真的是不遗余力地为我们，而且还在他的微博平台不停地为我们做宣传，为我们打气、加油！真的是不胜感激啊。这次《我只在乎你》MV的拍摄，几位老前辈包括管老师，都发来祝贺的视频，如此真心真意，我们很是感动。对了，透露一个事情。歌友会即将成立自己的“彩筠飞”艺术团，不仅有擅长演绎邓丽君歌曲的歌手加盟，还请来四位当年与邓丽君有过亲密合作的重量级人物担任艺术顾问，他们分别是：庄奴，知名作词人，代表作包括《甜蜜蜜》《小城故事》《又见炊烟》等；左宏元（古月），知名音乐制作人，代表作有《千言万语》《海韵》《千年等一回》《踏浪》等；田文仲，台湾资深主持人，原邓丽君《十亿个掌声》演唱会总策划及主持；管伟华，原邓丽君新加坡经纪人。

2013 年冬至，加林在筠园向邓丽君小姐献唱由他填词、云南歌迷李泰良作曲的原创歌曲《春的消息》。

林煌坤、彭宇

声情并茂忆丽君

林煌坤、彭宇，二位大师，都是我很佩服、尊敬的好朋友，可以说是良师益友。我们三个人之间拥有着很多的相同处，同样的志趣、同样的性情……最重要的一点，是我们同样钟爱着一个不变的话题——邓丽君。

不知道大家认不认识这两位大家，但想必并非能够有太多人知道，只是因为那些只专注于做事的人并不善于营销名气，但提到他们的作品，必定所有人都顿然大悟，“哦……”，你们都知道。

我与林煌坤

林煌坤，很早我们就认识了，他是邓丽君介绍给我认识的第一个音乐人，然后才有姚厚笙……转眼五十年快过去了。邓丽君去越南西贡演出时，林煌坤也是一直陪同在她左右的。我们也是在越南的战火硝烟中共过患难的，那时邓丽君十几岁、阿坤二十多岁、我二十一岁，三个人一个创作、一个表演、一个经纪运作，也可谓是金三角的无敌搭档了。那段时间，我们一起买了法棍面包回酒店夹着肉做宵夜,一起谈天说地聊音乐。阿坤是个很有文化底蕴，很有涵养的男人，感情细腻，时常文思如泉涌，使得那时的我，把对于文学的热爱全部专注投入到崇拜学习他的境界里面去了。

后来邓丽君去了日本发展，我和林煌坤成了常常混在一起的密友。我去台北就住在他的家里，我喜欢那种感觉，那段情分。记得在台北的那段时间，我们经常结伴上山去泡那儿的免费温泉，很特别的一个免费温泉。男女只有一墙之隔，因为是免费的，也没有人来管理，但大家都在遵守着一些不成文的规矩，都乖乖地遵守，不曾打破。那个免费温泉澡堂的水是活水，干净又卫生。舒舒服服地泡完汤后，我俩就悠闲地散着步，下山去找一间咖啡厅。一杯咖啡，一碗面，一堆聊不尽的话题……日子过得舒坦自在。好像自从成年后，和我同床睡过的男人也只有林煌坤一个，他老婆都得让位的。没办法，我们有说不完的话，越聊越睡不着，到最后只能躺着聊。很好玩的是，我那时年轻，睡觉贪凉，总是把空调开得大大的，他虽说年纪跟我相仿，但不喜空调，每次等我睡着他就把空调关掉。我热了就醒了，看他睡着我再把空调打开，他冷了就醒了，看我睡着再把空调关上……周而复始地折腾一个晚上。

我们一起同游东京，阿坤喜欢给我拍照，在他的镜头下我很放松，笑得特别开心。爱上紫砂壶也是从林煌坤送我的第一套茶具开始的，我相信他说的“近朱者赤近墨者黑”，我也挺赞同他这种不爱张扬、低调的处世态度。所以我和他虽说认识明星众多，也许两人之间会有一些己见的言论和评价，但对外我们从来不去谈论别人除了工作之外的事，毕竟身处娱乐圈，更懂得谁的隐私都不想被娱乐的心理。和林煌坤这么久的交情，邓丽君一直都是我们之间的纽带，也只有她，是我俩最敬重和怀念的。当初在我们身边蹦来跳去的邻家妹妹，还那么年轻就驾鹤西去，留我们两个老头，白发苍苍地去追忆，真是一种刻骨铭心的遗憾和思愁。谁曾想得到？

接到噩耗之后，送别当日，愁云惨雾，谁也没有和相熟的人打招呼，我弟弟、蔡律师、林煌坤，我们四人公祭后都不发一语，沉浸在痛苦中，连最后出殡的一程都感觉力不从心，唯有黯然神伤！葬礼结束后，我们也不愿打搅邓家人，便离开了现场。

再后来，媒体一直要求林煌坤透露一些关于邓丽君的私生活，他都一律回绝。他对我说："我当然都不屑为之，一是邓丽君小姐丰富生动的人生故事绝对媲美一部精彩纷呈的小说，她的生命气韵饱满，洋溢漂亮，而内容丝丝入扣，耐人寻味。如果要描述她一生的情节，那真的是处处引人入胜，且每个细节都有感人的温度。二是邓丽君小姐风雅的气质宛如一篇精致细腻的散文，她秀丽的外形里蕴含着婉约的性灵，因此她传达给你的情谊是那么的简洁凝练却又流淌徐徐韵味，就像字里行间虽朴实无华，然笔调精美的文学，由着你要细心地阅读。三是邓丽君小姐的歌犹如吟诵诗般的美感，既有节奏韵律，又似情境幽邃，她有独抒的趣味隽永，更有感情的共鸣，她优美醇厚的歌声，句句都有余音绕梁的意境。所以她的音乐也是学术，让人放开心量，驰骋灵机，体验感动。”此番评价，真挚诚恳，精细到每一个环节。可见林煌坤对于邓丽君演唱的意境有多么深厚的感受。

阿坤与邓丽君合作长达25年之久，为邓丽君写作近200首歌词，当年在仁爱路华美大厦我居住的房间里，阿坤就曾在这为邓丽君填词。这期间好几首歌曲的新词都是我最先过目的呢，所以每首歌都充满了我们那时候的感情，现在听起来是丝丝入扣，感慨良深。当然，阿坤不仅是给邓丽君写词，凤飞飞演唱的许多歌词也是他笔下的大作。还有就是1982年，我委托林煌坤老师为我当时的妻子黄鹂制作的专辑《我爱新加坡》的歌词，声声入耳：“花因泥土的肥沃得开好花千万朵，我因国家的富强得过美好的生活，新加坡！新加坡！我爱新加坡！你是我生长的地方，孕育了幸福的我。”我也是因为这个专辑承接了多场演唱会，又加上主持节目的工作，操劳过度，最后声带沙哑而不得不休息放假了。这首好歌后来也没有好好地传唱下去，如今再论起版权，都不知在何处。

林煌坤所谱写的每一首歌，都可以说是经典传唱，这一点我深知其中的玄机。他写词，真的是情感真挚到贯穿始终，每首歌的背后都有一个故事，一个具有深厚时代背景，深厚情感，深厚人物关系的故事，那故事的完整性和深度，不亚于一部电影的内容量，而且他写的歌词中还经常会出现一些经典语句甚至警示名言，不得不说阿坤的功力必是千锤百炼之后的结果。他写的词都是用最朴实无华、浅显易懂的语言来表达，没有华丽的辞藻，甚至没有夸张的形容词，情真了，字善了，自然也就美了。

很早以前，我就想写这本书了，以前林煌坤给我写过一个序，存在了电脑里。但我这个对电脑一窍不通的老头后来怎么也找不到了。再想想，我也是好久没联系这个好朋友了。记得2013年的时候，老婆打开社交网站Facebook说在里头找到失散的朋友，加了林煌坤还有许多朋友，让我也进去玩玩。我当时表面说不要，其实暗地里自己努力了好几次，实在是搞不懂。能够学会微信和微博还是女儿手把手教会我的，能学会这个已经实属难得了，现在就连开个电视遥控器，不小心按错了，就再也调不回来了。所以我和林煌坤，两个倔强的老头儿，一个用 Facebook，一个用微信、微博，在这信息卓越发达的时代，我俩竟然在社交网络上毫无交集，国际电话费又舍不得，那就只好写信了。

这次拜托林煌坤再写点东西给我，还是发微信给远在北京的儿子，叫他转发我的需求到林煌坤的 Facebook。

嘿嘿，不过交情够深，一句话，阿坤就懂我什么意思了，随即就发来了你前面看到的序。文学大师就是文学大师，提笔生辉，他洋洋洒洒的一千多字也是我这本书的精髓了。你看，不愧是大文豪，夸我时，我都醉了；说我酒圣我是认了的；形容到邓丽君，那是美轮美奂，字里行间中透露着他渊博的学识和深厚的功底。阿坤几年前出版了一本《祝你幸福》，是写凤飞飞的故事；而后又出版了一本《小邓的故事》，就讲了邓丽君小姐。这两本书还没发表我就有幸拜读了，之后便去医我的颈椎病了……

嘿嘿，开个玩笑。不过林煌坤的《小邓的故事》真的是经典佳作，可以拍成电影了。

之前我一手培养出来的得意门生“百变小丹”彭丽嘉，在我的穿针引线之下，也让林煌坤在百忙之中为她填写了《缠绵的影子》一词，此曲是邓丽君演唱的日文歌曲。我这一生都比较惜才，更希望几乎没有看走眼的我能造福这些有才之人，让他们聚在一起，碰撞出更辉煌的火花，创作出更精湛的艺术作品，也算是功德一件。

说到小丹就要把话题转向她的父亲，也是我另外一个知己挚友，彭宇先生。

我与彭宇

彭宇，现为中国美术家协会会员、中国工笔画学会会员，湖南省工笔画学会理事，中国现代国画研究院副院长，中国美协创作室画家。如此多的名号，可想而知彭宇是一个很成功的画家了。但是他很低调，我想他需要安静地待在自己的世界里吧。

认识彭宇是一个小小的巧合，但是一见如故的感觉现在还记忆犹新。我们曾一起谈论画作，谈论对人生的看法，非常契合，最后谈到了邓丽君，我想我们都有意到最后再提到此事。看来他对邓丽君的感情也是无比深厚，他说他的创作和邓丽君密不可分。“哦？”这一下提起了我的兴趣，还没等我问，他又说：“我创作时，需要听着邓丽君的歌曲才能安静下来，进入到创作的状态，不听着邓丽君的歌，我的心思就不能平静下来，注意力也专注不起来。您说是不是密不可分呢？”“哦！”我连连点头称是。冥冥之中吸引我们在一起的渊源我感觉得到。每次见面，他都会有画作给我欣赏，甚至还特意送过我几幅佳品，我也是爱不释手。我有一个想法，但迟迟未出口，毕竟他的事务如此繁忙，我开不了口。

有一次，我记得彭宇全家来我在北京的王府花园住所一聚，他带来了他的新作《童子迎春系列》工笔画赠予我。正值新春佳节之际，好友相聚不胜欢愉，几杯酒下肚，我就有心无心地问了一句：“可不可以画邓丽君？”一句轻描淡写的询问，却换来彭宇严肃又郑重的回答：“我一直想画邓丽君，一直想和管老聊聊，然而却迟迟不敢开口，也不曾动笔。这次机缘巧合，由管老的引荐，小女有幸得到邓丽君御用词作人林煌坤先生的填词。管老在百忙之中为小女的事业推波助澜，真是荣幸之至。我就想创作一幅以邓丽君形象为主题的作品，也是为小女填词的那首歌《缠绵的影子》命名的画作。”这时，他夫人走过来，坐在身边认真地说：“是的，当时创作《缠绵的影子》的时候，我就跟他说，这么多年你都是听着邓丽君的歌画画，相信你对邓丽君应该有很深的理解，何不试着以她的歌曲为题，画一组画？”这时只听彭宇“砰”地拍了一下桌子，道：“真是一语惊醒梦中人！这一提议与我多年的愿望不谋而合……”“砰”我拍桌拍的声音更响：“这一提议也与我多年的愿望不谋而合！”我们对视几秒后，“哈哈哈……”于是，从这一刻起便真正开启了我对邓丽君的寻梦之旅。

然而，真要落实到动手画，却遇到诸多难题：第一，邓丽君的相貌妇孺皆知，表现时稍有差池，众人一眼便可分辨，而且即便是画得很像了，也仅仅是“形”似，如何达到“神”似的境界，则要考验画家的修养与功力了；第二，就是画人物肖像画很容易将人物概念化、脸谱化，或者画成宣传画，这样就流于形式，容易失去原有的艺术价值，从而与原构想南辕北辙；第三，画一幅主题画容易，然而几十幅同一题材的画，还都不能雷同则实属不易，而且画中所表现的内容需要与邓丽君的歌曲所表达的意思和情绪基本一致，就可以说这几十幅画，每幅画都是命题画；第四，画家要通过画邓丽君表达出自己的所思所想，揣摩歌曲寓意和构思内容如何表达，这是画的灵魂；第五，就是要有个性，要有自己的绘画语言及风格，这也直接关系到作品的艺术水准与价值取向。

解决了上述问题，接着就是选歌。邓丽君一生演唱的歌曲繁多，要在这些歌曲里面选出自己喜欢的歌倒是不难，但是要甄选出有学术价值及对邓氏有影响的歌则需要对全部的歌及邓丽君的人生有个全面整体的了解，然后还要兼顾一众歌迷喜闻乐见的流行曲目，最后还要了解这些歌曲的创作年代及背景情况。于是我把邓丽君大哥邓长安的女儿，也就是邓丽君的大侄女邓欣，介绍给他们认识，让他们多一些交流，助其一臂之力。

虽说我腿脚不便，但是我和彭宇都有共同的事业和心愿，所以总是一起分享和讨论。还记得他曾意味深长地跟我说：“邓丽君一生推出一百多张专辑，这些歌曲中绝大部分都是情歌，一位终生演绎情歌的人，爱神却残酷地跟她开玩笑，始终与她若即若离。直到生命终结，她也未能步入婚姻的殿堂，想来真是令人唏嘘感叹！有时我就想，是否因为邓丽君毕生都将自己的情感投入到情歌里了，因为用心太真、用情太深，以至于容不下情歌之外的人融入其生活了。换言之，邓丽君是以她个人的牺牲，成就了千千万万需要情感慰藉的芸芸众生。管老，您说是不是呢？”

我长叹一声，唏嘘道：“幸福是她自己心底的，邓丽君心底所追求的那个‘他’，和唱歌时想的那个‘他’又有谁能够知道呢？”

彭宇又说：“是的，我想应该是的。基于此，在我所表现的几幅邓丽君的重要作品系列时，大多都是从这一方向去构想的。因为那个‘他’是邓丽君心底的秘密，我们外人岂可得见？透过这个空白的‘他’，我们可以感受到邓丽君心灵深处对爱的渴望与无奈。”

“也许听着歌，看着画，每个人心中想的，是自己心里的那个‘他’。”我意味深长地点点头。

为了艺术元素的多样性和作品的耐看性，彭宇将这一大的系列创作分为四个小系列：第一系列是以邓丽君形象为原型画之；第二系列是以古典写实的传统手法描绘之（主要限于邓氏12首古典诗词的演绎作品）；第三系列是以浪漫主义色彩处理之；第四系列则尝试以象征主义手法，夸张、略微变形的艺术形式表现之。

第一个完成的作品，当然是为了答谢林煌坤而送给他的礼物——《缠绵的影子》。

《缠绵的影子》——彭宇

之后陆续完成的画作，我们每幅画都进行过讨论，其实我只是懂得欣赏，而在专业和创作方面一窍不通，但彭宇愿意和我沟通。他虽比我小些，却不失成熟，又是个工笔画大师，所以言谈间，他展现出了一个男人的品位和耐心。他说："邓丽君这个名字对于他们这辈人来说是个神圣的字眼，它不光是一个名字，也不仅代表一个人，它承载的是一个时代的集体记忆，是一种情感的精神寄托，是保留在生命深处的一种情结，或者说是对我们那个永远回不去的青春岁月的祭奠。所以这个《旧梦何处寻》的系列，第一幅画就是《甜蜜蜜》。"

彭宇说他没有见过邓丽君本人，但熟悉的感觉无法用语言表达，也许是在梦里见过。甜蜜的笑容，亲切的感觉，还真的像歌曲中所描述的一样，恍惚间好像在哪里见过她。当然这幅画作《甜蜜蜜》也是听着这首歌创作出来的。画作中，邓丽君不是沉鱼落雁，也并非闭月羞花，是绽放，绽放的花朵，绽放的笑容。《甜蜜蜜》一画比较简单、直白，力求营造出一种温馨、浪漫、梦幻的精神世界，使人从画面中即能感受爱的甜蜜。

《甜蜜蜜》——彭宇

对于这幅画，彭宇有他的自叙："我很喜欢的一首歌，我想对于很多君迷来说，或许都会和我一样，都有一些与此歌相关的记忆吧。这首就是《再见！我的爱人》。遥想30多年前，我与妻子的相识正是源于邓丽君歌曲这一媒介，而且又是邓丽君的歌声将我们结合在了一起，这可能是一个偶然；后来我们有了孩子，我原想让她子承父业，可孩子偏偏迷上了唱歌，而且还特别喜欢邓丽君的歌。这应该也是偶然；再后来我们又结识了一些邓丽君身边的人，要是依照我原本生活在小县城的概率而言，这种可能性简直不可思议，我想这或许也是偶然；在以后我在整理邓丽君资料的过程中，发现我们竟然都是属龙的，这肯定又是偶然！然而太多的偶然就必定会产生某种必然的联系。那就是冥冥之中，我必然会为邓丽君做点什么！于是就有了这批画的问世。完成这批画我想只是一个开始，我肯定会继续我的寻梦之旅的，因为三十多年的情结，岂是这几十幅画可以表达完的！再次相见，我的'爱人'，我用我的真情意将你画在纸上重现，你那醉人的歌声怎可让我忘却这段情，你的光彩重现在我的画纸上，就是我们再见面的一天，不是吗？"

《再见！我的爱人》——彭宇

“《再见！我的爱人》这首歌应该对于邓丽君小姐来说有着特殊的意义,因为她在多次演唱这首歌时都忍不住泪流满面。据说她本人也最喜欢这首歌，或许每次演绎这首歌都会勾起她的伤心往事吧。我在创作这幅画时，却是把我们对邓小姐的思念寄托在画中了。”

可以说，这几十幅作品中，每幅都凝结着彭宇的创意与匠心。

“再比如作品《你怎么说》，歌词大意是：你说过两天来看我，一等就是一年多，三百六十五个日子不好过，你心里根本没有我……看今天你怎么说……从歌词所表达的内容来看，作画几乎无法入手，甚至找不到画点。因为‘说’是语言模式，靠听觉来完成，而画是图像模式，是靠视觉来完成的，这原本就是两个不同感官的东西。如何让观者在画里能‘听’到声音，这是颇费匠心的事情，也是衡量一个画家水平高低、底蕴薄厚的标尺。按常规画法，可以将画面设计成一个男人意欲出门，而姑娘拉着男人的手苦苦挽留，也可以设计成一个姑娘拿着一本书躺在床上，表情哀怨地等待恋人归来状。这样似乎都算一幅画，但这种画实在显得平庸而肤浅，那真成了名副其实的“看图识字”图了，如果真是这样，绘画还有什么意义？直接听歌就 OK 了。

“所以在经过几易其稿、反复推敲之后，我终于灵光一现，

《你怎么说》——彭宇

在画面的左下角加入了一台老式电话机,这样不但有了年代感,而且‘声音’也有了，试想电话里面什么话不能说呢？声音由此延续到了画外。可以想象，能够使一个姑娘表面装作若无其事、内心又充满期待的，必定是她所在乎的心上人了。有时，女人会在一些事情上表现得心口不一，比如在与恋人发生矛盾时，不管自己对与错，一边是当面言辞激烈地与恋人争执，仿佛很不在意恋人的感受，但暗地里又会后悔不已，同时又更希望对方能够回心转意、先行道歉。试想，电话的这一头是遥遥无期的等待，而电话的另一头则连着一个明知道是个负心汉、却还让女人心存幻想、心中卦念的‘他’。尽管画面中的女人没有说一句话,尽管电话声也未曾响起,但是此时无声胜有声,从女人坐在电话机旁、殷切盼望来电的眼神中，我们可以感知她的孤独、无奈与充满纠结的矛盾心理。也因为电话机的植入,使意境延伸到了画外。电话声没有响起，姑娘会在怀疑、焦虑、企盼中日复一日的等待下去，但如果电话那边的‘他’打来了电话，‘他’会怎么说？结局可能是两种：一个是‘他’终于提出了分手的要求，可想而知，这对姑娘的打击是多么巨大，等待煎熬了一年多,结果还是一场空,这后果可能是灾难性的;第二个结局是他又编织了一套美丽的谎言,而姑娘又被感动了,也释怀了，于是他们又重归于好，姑娘又在聚少离多、漫漫等待与寂寞空虚中继续空耗下去了。如此这般，观者还可以从画面中想象出多种可能性。因此，可以说这样的画具有意犹未尽和意到笔不到的妙处。所以，在创作人物画作品时一定要从人性出发，安排故事情节一定要合情合理，而不能凭借画家的主观想象想当然地去随意捏造。其实一个高明的画家就如一个高明的导演，他能把各种关系处理得自然得体、恰到好处，只有这样，画面才能耐看和经得起推敲。”

在这些画作里面，还有十二幅画是不能不提的，那就是《淡淡幽情》系列。彭宇创作完成了整个专辑，也是他唯一全部都创作完成的系列，看来这其中必有情思。但是画中人却并不是邓丽君本人……他这样回答我：“这是因为不管从邓丽君的歌唱事业来说，还是她对华语歌坛的贡献来看，《淡淡幽情》的问世都具有里程碑式的意义，它不仅首次将唐诗宋词这一古典文学瑰宝与现代流行乐进行了完美的对接，而且，通过邓丽君的用心诠释与演绎，使中国古典文学焕发了新春，同时也使中国流行乐具有了别样的风韵。在选择这组画的人物形象时，我没有以邓丽君小姐的相貌为原型，是因为邓氏的形象与我理想

君歌淡淡幽情系列《独上西楼》——彭宇

中的古典佳人有一定的出入，古代佳人未必唯美但一定是‘柳眉凤眼樱桃嘴’式的‘窈窕淑女’，似乎唯此才有古意，或许这也是我的一种恋古情结吧。”

哦，说来也对，我记得当时是1980年左右，邓丽君出这个专辑是很用心的。其中的文学精品，配上现代流行音乐后，再由她与生俱来的幽幽情怀唱出来，典雅、庄重又温柔、多情，颇具唐宋风范。她在唱片拍摄封面时，自己并没有用古装造型来搭配，而是坚持选用简洁的现代装形象，这样一来似是今朝看古时。这一点，也许和彭宇说的有些契合之处，不知是不是邓丽君也认为歌中的主角应该就是那位古人佳丽，而并非她本人呢？

《独上西楼》，原词是南唐后主李煜所作。其本意是一个亡国之君在囚禁地抒发自己的思乡之情、亡国之恨，在这里借代描写一位紧锁深闺的佳人的愁绪，也是非常契合的。全词三十六个字：“无言独上西楼，月如钩。寂寞梧桐深院锁清秋。剪不断，理还乱，是离愁。别是一般滋味在心头。”短短的三十六个字，却抒尽了作者心中的孤单寂寞与无尽的痛苦愁绪。这幅画彭宇没做太多的延伸，理解了这首词的意思，也就理解了画的意思。

《思君》一画，原词出于宋代的李之仪，词中表达了相爱之人的思恋之苦。彭宇在处理这幅画时，将一位古代吹箫的美人置身于江边。箫在后世的共识中，有哀怨、相思、愁绪之意，天空一排大雁飞过，古人有鸿雁传书之说，通过大雁来传递心上人的心意。

君歌淡淡幽情系列《思君》——彭宇

这幅画的创意我特别喜欢，彭宇跟我形容阐释的时候，看着这画，如同喝了一壶清绵的酒，有点微醺。他当时是这么说的：“《诗意》一画自然是要有诗意的。这位叫‘诗意’的女孩，因为她的曲高和寡，难觅知音，既然在现实的世界里找寻不到，就只好到书本中去寻找心灵的慰藉了，也许这一辈子都难以找寻到，但从她坚毅的目光和挺拔的身姿来看，为了自己的追求，她会一直寻觅下去，哪怕一直孤寂，她也不会妥协，不会后悔。画面左下角的荷花正是她出污泥而不染、随波而不逐流的象征。”我望着这个叫“诗意”的姑娘良久，体会着她“书中自有颜如玉的情怀”。

《诗意》——彭宇

《谁来爱我》这幅画原歌词中是表达一位姑娘对恋人的悠悠哀怨。歌词似乎有些下里巴人的味道，但曲调的确缠绵悱恻，配器在那个年代绝对算是上乘之作，因此也将其录选入画。

此画风格属于第三系列范畴。彭宇以象征性手法将人物画成龟缩伏，这类似于舞蹈的形体造型。尽管人物没发一言、没有任何表情，甚至闭着双眼，但我们通过她的肢体语言，可以真切感受到她的哀怨和无助。其实，此画的点睛之处是主人脚边的那条哈巴狗。都说狗通人性，面对一条可怜兮兮、直立身子求关爱、求温存的小狗，难道我们没有联想到女主人的处境吗？

彭宇的第四系列是采用象征主义、夸张变形等多种手法来完成的系列作品。其中大部分作品的表现形式以及笔墨语言都属于探索性的，我自己也充满着期待，等他创作完成后再一并补上。

《谁来爱我》——彭宇

关于邓丽君微博索引

2014-2-13 23：58 来自 iPhone 5s

时间到了老头洁身焚香以示隆重，这是情人节+元宵节的礼物，要送给喜爱邓丽君的“童鞋”，由湖南四君子之一的名画家彭宇先生赠送给台湾林煌坤先生的画作《缠绵的影子》。两岸此时同胞共庆！祝愿中华民族早日团聚共庆元宵情人节。

2011-6-22 09：33 来自 E人E本商务平板电脑

四十二年，好长的日子。春安兄昨晚来【五十】听歌，聊起往事历历在目，把邓丽君和当时几位带来新加坡演出的文化善家傅春安先生，虽是家财万贯的商人却酷爱艺术，娶的也是当时的远东十大歌手包娜娜。让我记忆犹新的就是连续两次的“远东十大”，当时十位顶尖歌手汇聚的场面，至今仍是空前壮举。(佩服)

2011-8-15 14:09 来自 E人E本商务平板电脑

今天看了邓雅之的演唱会视频，挺受感动的！邓丽君之所以能永远，就是至今仍有那么多人喜爱她，更有像邓雅之这样的歌手，一生追随着她的事业。一代又一代的传承，延续着，相信丽君在天之灵，也该感到欣慰的。雅之真的不错，加油！

2011-9-8 01:20 来自 E人E本商务平板电脑

秋意浓～:酒意浓～情也浓～雅芝的视频竟把我眼眶～红了！还要回复上海邓迷的话语～勾起人生多少辛酸事～唉！都是往事～让她永远永远留在人间吧！不禁想起她刚运回台北时，我坐在邓妈妈身边,她说了一句话,阿管,丽君去的是时候！为什么？为什么？现在该明白了！是老人家的智慧。

2011-9-30 07：22 来自 E人E本商务平板电脑

一个强大的“邓丽君”～把所有的人淹没了～邓迷让我看到了娱乐圈中的众生相，虽然很多不是真实的～但邓迷所见都是真实的呀！原唱翻唱～谁也说不清了，然而这一些事都不太重要！只是深深感慨，【真相】毕竟还是应该存在的呀！但【邓丽君】太强大了～无可替代～也只好这样了～

2011-11-30 10：10 来自 E人E本商务平板电脑

【邓丽君】是我六九年退役后就投入娱乐圈，服役前认识的大学生也相继投入社会，大家都带歌手到南越堤岸演出，同时我也上台主持司仪的工作，我的华语在那地方算很不错的。办了几次在夜总会的演出后，便认识了丽声戏院老板王成庆，知悉他已购下《谢谢你总经理》（由邓丽君主演的电影），也开始了与邓丽君的合作。

2011-11-30 10：32 来自 E人E本商务平板电脑

【台湾歌手】南来可说盛极一时，我是授命找邓丽君到丽声戏院随片登台，同时首场为慈善义演。当时邓丽君已在新加坡大歌厅和黄小冬、孙伯坚的歌舞团同台演出，通过朋友唐蕾女子乐队的主唱介绍，与邓妈妈相约在下榻的酒店见面，我和同事与邓妈妈谈事，丽君非要我教她游泳，拗不过她～只好当场买了泳裤当教练了。

2011-12-3 03：29 来自 E人E本商务平板电脑

自从上了微博，好多邓丽君的粉丝～相继也加入我的粉丝团。比起同学们我关注太少了！在她去世后难免有各种媒体争相采访过，然而能说的也只能那么多。然而大家对她的事却想挖的很深～更甚的是好多的谣言。然而我是在她去世时～最早到她家里的第一批朋友，听邓妈妈亲口说事情的经过～但她也不在出事现场呀！

2011-12-14 18：19 来自 iPhone 客户端

看完林煌坤写的邓丽君的《小邓的故事》，以一半传记一半小说的文体来写，但起码是真正了解内情的。希望早日拍成电影……肯定是到目前为止最具代表性之作了。

2012-1-10 21：47 来自 iPhone 客户端

为了找吾妻早期在丽的呼声访问邓丽君小姐的一张陈旧老照片……结果翻出好多大腕都上过她的节目，只好胡乱拍下……因实在太多了！拍完我肯定晕。这是张曼玉，男的是吾妻最佳搭档。

这时的邓丽君……她大吾妻五岁……我还不认识我妻子。

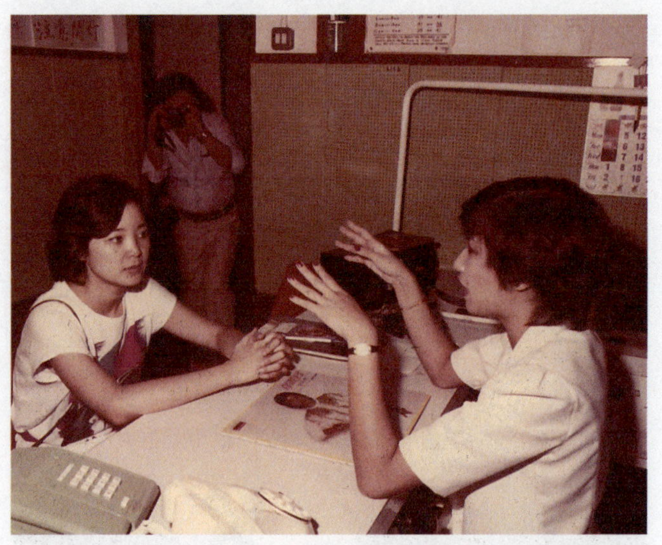

2012-2-25 14：00

一大早收到丽君大哥和他的女儿邓欣送来的礼物……心绪又回到若干年前邓妈妈的慈颜……与邓爸爸在台北仁爱路的财神饭店咖啡厅讨论着在新加

坡购房的事。尽管人老有点糊涂……但好多事在记忆中已无法磨灭，丽君的相册中的全家福更为珍贵了！谢意无以言表……

2012-2-25 20：07

唱这首歌送粽子……是当时在新加坡国家剧场的一场慈善演出时……我灵机一动想出的点子，还买了厦门街最好吃的粽子。没想到竟成了观众现场捐款了。

2012-9-12 15：46

后面的是马来西亚的圣雷乐队，现在已是一群老头鸟！相信他们手上会有丽君很多生活照，我带他们到堤岸和曼谷演出都有几个月的时间相处。早期的演出照片，那时的服装也蛮有趣。

2012-12-18 14：10 来自 iPhone 客户端

每个独立的生命体，谁都希望有自己的成就和荣耀，然而许多天却被迫生活在别人的光环里。老头在新加坡时就会常被提到黄鹂的前夫，刘凯欣现任丈夫，邓丽君前经理人，孙楠的守护者。但同学们可千万别误会，老头写微博不为出名……只因乐在其中！

2013-2-16 06：01 来自 iPhone 客户端

梦丽君而醒，被《路边野花不要采》和《小城故事》的选择在纠结。第二间夜店“声雅廊”时代，希尔顿酒店老板 Peter Lim 超爱的《甜蜜蜜》、《我没有骗你》，到酒吧就必唱的歌。在香港“曼哈顿”钟少一到，DJ 便会播放邓丽君的《何日君再来》。当时还不算太红的张国荣，一大群都记不住名字的潮人畅饮……口渴尿急后继续“围脖”。

2013-2-20 17：38 来自 iPhone 客户端

5 月 8 日名胜世界的节庆剧场就正式连续三个星期的《狮城旧韵》正式开锣了。虽然只三个星期却是许多人的期待，老头将当年海燕歌剧院、珍珠坊歌剧院、新加坡大歌厅、80 年代的听歌看剧的风气重现狮城。5 月 8 日也正是邓丽君忌辰，也特邀祖国大陆邓派唱法传人：邓雅之小姐为今夜星光《怀念邓丽君》的特别嘉宾。

2014-1-7 22：06 来自 iPhone 客户端

从南洋这里开始发家，我是去香港见邓丽君同时邀请静婷和崔萍小姐来新加坡义演，当时是通过方逸华小姐的闺密丁兰小姐安排的，否则怎请得动如此大人物。

2014-2-5 00：42 来自 iPhone 5s

很难得从邓丽君丽风唱片公司的同事，当年马来西亚的舞台剧泰斗梁田兄手机相册里挖出两人演出的剧照和生活照。老头今年的任务便是尽量挖掘丽君新马印泰以及越南时期的生活点滴！

2014-2-14 00：56 来自 iPhone 5s

新加坡有个地方白沙浮也叫黑街，夜夜喧闹、有各种美味食品、最大特色便是人妖的天堂，吸引了全世界游客，当时邓丽君和邓妈妈特爱吃这里的潮州牛肉粿条、海南鸡饭。还记得有次丽君看了当时最红牌的人妖……不禁叹声说自己还没人家漂亮。亏兄弟还记得那么清楚，白沙浮、新香港酒店发生的那么多事！

2014-2-18 05：14 来自 iPhone 5s

阿梁当年在唱片界是个大红人，推出滞消许久的《小笨象触了电》、《烧肉粽》等四首闽南语歌，连只讲广东话的香港也大卖。到了EMI捧起了黄露仪、黄鹂，转战东尼机构也推出了费玉清、都是他对市场有独特的判断。否则邓丽君不会多次要请他合作，如此殊荣老头从来没有的待遇……

2014-8-23 23：14 来自 iOS

说到法式面包，那是邓丽君小姐在我面前吃过最多的食物。20 世纪 70 年代的越南，酒店里似乎没有客房点餐这回事，我们仨都会在晚上买好夹肉的长棍面包，不是当晚的夜宵就是隔天的早餐。

2015-4-6 13：36 来自 iPhone 5s

很可惜，5 月份新加坡圣淘沙名胜世界的节庆剧场“君声丽影”因抵触邓丽君基金会的王静专场演唱而告吹，不然大哥们过来看演出的巧合都在老头计算中。

五弟不在娱乐圈却比我这老三的风头劲。

2015-5-19 20：01 来自 iPhone 5s

邓丽君生前好友丽风唱片时代的同事梁进荣（阿梁）撞车，左眼失去视力右眼视力模糊，两条腿走路有问题，在等做手术。听到这消息却暂时不能探望，心想近七十岁的人若不能自理，将是多么大的困扰，老头这身子还是防着点为好……

2015-11-4 08：35 来自 iPhone 6s

我与邓丽君在堤岸八达酒店进餐时遇上枪林弹雨，全部躲在桌子下避过一难。餐厅外的弹孔，打到的玻璃碎片声，大家内心虽惊恐却还是把饭吃完，这便是江湖儿女到处漂泊，在外奔波于不同演出场合的真实故事，也让老头开始写我与邓丽君的第一篇“越南战火堤岸惊魂”。

2015-12-6 23：41 来自 iPhone 6s

邓丽君歌友会远在日本仙台的会长真智兄是个有心人，他常说我是成就邓丽君的功臣之一，每每想到此老头深感惭愧！当年不就是个小孩吗？邓妈妈说我嘴上无毛办事不牢！二哥给的评语：筹划不是我强项。让老头65岁时还得拜自强兄为师他才放心，或许是本性如此而让老头没成就大事业的原因吧。

2016-2-2 08：26 来自 iPhone 6s

小管与阿梁两人为邓丽君出唱片和搞演出都算是当年出过力的人，如今阿梁车祸伤及眼，老头中风后遗症，行动起来仍是不利索。所以那天满贵兄才说：见个面就要照顾两个残疾人了……

2016-2-8 04：52 来自 iPhone 6s

邓丽君与郭分手原来是那么潇洒，还他五千元和一枚订婚戒指转头就走，没有纠结，考虑都不考虑。这算是老头猴年第一宗爆料！

2016-3-8 21：12 来自 iPhone 6s

现在综艺节目咋搞的！假唱连嘴形都对不上，话筒倒过来……有没有忘记拿话筒的。记得那时咱家演话剧有人出场忘了换装，邓丽君在台上演小小，剧场观众的假牙整个飞出，幸好他反应快伸手就接住，此时老头已笑得泪奔忘了所有台词了。

2016-3-9 02：08 来自 iPhone 6s

忆君（1）。诡异现象愈发难解！冥冥中神差鬼使只写了一半的帖子没发出就累得上床，似梦似醒但情景是真实的，5月8日生日派对接到电话那时起接受新加坡电视台“早安，您好”的节目采访，接着和五弟还有蔡律师即飞台北，由林煌坤开车接去靠近台北中山纪念馆的家坐在邓妈妈身边，邓妈妈还说王菲刚离开就坐在我坐的椅子上……

2016-3-9 02：36 来自 iPhone 6s

忆君(2)。那日听邓妈妈说了许多关于她的近况，知道两天前她们还通过电话，因丽君感冒劝她别去，就是任性不听。“丽君去的是时候！”这话言犹在耳。当天陪着邓妈妈直到遗体运回，只记得很小的屋子里弥漫着哀伤氛围，看了遗体作了近距离告别！直到公祭那日列队鞠了个躬就站在人群外，人太多也没送她到金宝山下葬。

2016-3-9 02：49 来自 iPhone 6s

忆君（3）。在新加坡的事都由 Simon 五弟和蔡律师处理，老头事业正值高峰期很多采访能推的都推了，但电视台的邓丽君歌曲比赛还和姚白雪、秦淮一起当了评判，宝丽金唱片公司送来的几张 LD 影碟还有许许多多关于她的事老头都下意识不愿接触，更不想听她的歌，自己酒廊的歌手唱君歌还被骂：难道不会唱其他的歌吗？

2016-3-9 03：12 来自 iPhone 6s

忆君（4）。有一次在钟老板家聚会，当时有人点了这首歌《月亮代表我的心》自强兄竟然泪奔了！这就是和她亲近的朋友都不愿再提邓丽君名字之故，免得再次触碰心灵深处的伤疤！老头快20年在5月8日不过生日不也就是无法忘记么？没问过自强兄，他也没问过我。和成龙大哥彼此间似有种默契从未提及这段往事。

2016-3-9 03：28 来自 iPhone 6s

忆君（5）。说丽君已成无法推卸的责任，中国邓丽君歌友会会长加林兄、日本仙台的真智兄，接着陆陆续续收到那么多的童鞋粉丝，喜欢邓丽君的标准君迷，发来的照片君歌比我所知的邓丽君更多，各媒体也开始邀约上节目，老头也分不清哪个该上哪个不该上，只好将一切关于邓丽君的事，全部由加林兄做主代为安排了。

2016-3-9 03：39 来自 iPhone 6s

忆君（6）。躺在床上两小时满脑子都是邓丽君，见她冲出房间求助的情景，和保罗的事也尽量不去深究，和保罗也只在台北那昏暗弥漫着哀伤小房间里打了个照面，可以说互不相识，就没必要着笔太多，反倒是小鲁提到想主办邓丽君为主题的巡演，老头又是蓝色之屋、爱[illegible]文化、彩筠飞艺术团的顾问，总得有点贡献才是。

2016-3-9 03：59 来自 iPhone 6s

忆君（7）。认识青春少女时代的邓丽君到她去日本前，我当时只是比她大三岁的无知少年。若要重提那段故事，由老头来说是最真实不过的，老头曾经为感情事自杀过，而丽君也算是救命恩人了！那夜她买了小菜和一瓶红酒约我到荷兰路的酒店里聊了很久，在我身心受到极度重创时她一句话“你回来吧！”挽回了一个青年的斗志。

2016-3-9 04：19 来自 iPhone 6s

忆君（8）。忽然动念想把这段真实故事写出来，也是对君迷一个交代，或者可以填补一些关于邓丽君人格完美的空缺。人说少女情怀总是诗，朝夕相处的年轻人是否会产生过一点情愫，咱不去深究，但大家可千万别想歪了，我和丽君的关系就如兄妹没有任何香艳的情节，别期望太高！老头抱着还原历史的愿望……青春年华时代的邓丽君。

2016-3-9 04：28 来自 iPhone 6s

忆君（9）。刚才情绪平伏了许多，天也快亮了，该来个回笼觉，否则明天此时要赶赴机场，还得从曼谷转机去重庆，不够睡的状态行起路来就不好了。容老头暂且再续……晚安！

2016-3-28 19：00 来自 iPhone客户端

新加坡人少养猫所以到处有老鼠。记得有一晚和谢津母女等行人，在新加坡家嫂大排档夜宵见鼠如猫大，被惊吓，而邓丽君早将这些鼠辈当成平常事了。

2016-9-4 23：43 来自 iPhone SE

邓丽君生前认为这位出了唱片，却不露脸的马来西亚歌手刘秋仪，《忘记她》中文版就是她唱的。这首歌广东版则是黄沾为邓丽君量身定做，然这歌手刘秋仪也在三年前因子宫癌去世了！走时60岁。大家是同代人……

2016-12-13 07：59 来自 iPhone SE

江山代有人才出，一代新人换旧人，老头看得眼花缭乱～已记不住名字样子也模糊！倒是常与丽君梦里对话、新山银座时期歌手敏倩说：邓丽君移居法国是因气候适合她的病，便于看医生等等……

那时老头正为创业奔命也没多想其他，昨夜梦里她是带着黑色口罩有些埋怨，说在新港两地都购了房子却没有居留权……

2017-7-27 12：19 来自 iPhone SE

7月27日晚上七时许，情歌王子“李逸”因车祸在吉隆坡去世，老头赶飞抵时他已被宣告死亡，隔天殓尸房领出冰冷的小兄弟，连续几天和郑锦昌、邱青云及许多丽风唱片好友同时守灵陪伴至下葬。老头生命中第一次重创，之后是邓丽君逝世，跟着许许多多朋友相继离去，渐渐也不想去回忆！反而更懂生老病死的规律。

2017-8-24 13：37 来自 iPhone SE

仿邓丽君歌手是各有所长，只要登上一线的歌手，演出市场行情还是挺走俏的。歌手会因唱某一首歌特像原唱而受欢迎，因不是同一首歌自然就无法比较。

所以老头只能以一线二线三线来分等级了！演员不只貌似，还得各方面的综合条件，只好给仿邓丽君的歌手一个总称“邓氏唱腔”。谁最好我也说不准了！

2017-8-28 16：57 来自 iPhone SE

新加坡地图专业研究人士王勇在958电台里诠释了很多地名的典故，例如宏茂桥应该是闽南话红毛惊翻译过来的，因当时测量师是老外，这不禁又让老头想到邓丽君在新加坡演出时的一句笑话，她当时就住在荷兰路的丽风宿舍，而荷兰路翻译成闽南话叫给人撸的意思，常引起哄堂大笑……真叫童言无忌！

2017-9-12 20：56 来自 iPhone SE

阿梁透露了一些当年秘闻，万沙浪在台湾唱片大卖时，新马港市场是借邓丽君之名打起来的，而丽君长期在海外，在台湾也是借助万沙浪《风从哪里来》之力稳住阵脚，原来阿梁还记得慈善晚会上邓丽君唱《烧肉粽》我去买粽子的事，而且丽君是之后才录制这首歌的，当时还挨了扁鼻钟的骂，福建歌在港咋卖……结果破了记录。

2017-11-23 00：36 来自 iPhone 客户端

林煌坤当年在仁爱路华美大厦我居住的房间里填的歌词，好几首新词都是老头第一个先过目的。当时“偿还”是为邓丽君的日语歌填的中文词，今夜958电台播放由费玉清唱的，难怪歌词那么熟悉。

老照片

我打开台灯，戴上老花镜，一页一页地翻看老相册，昏黄的灯光下，似是回到了那情、那景……

和每个到这个年纪的人一样，我也喜欢回忆过去，翻翻老照片，想想当年情。可惜那时不像今天的科技这么发达，记录影像、文字、视频这么方便，随时有各种方式可以保存，不会遗失。我小的时候很喜欢写作，零零散散总是会记录一些文字，在那些青涩懵懂、年少无知的回忆中，我还能感受到当时的心境和喜怒哀乐，时过境迁后想想虽有点稚嫩可笑，但满满的回忆让我再度回想起身边的那些人和事。翻开老照片，一个个似曾熟悉又似曾生疏的面孔，定格了那个天真无邪的年代。岁月是把无情的刻刀，曾经红颜再倾城，曾经潇洒再倾国，在岁月的历练下，人们还是逐渐老去。看到这一张张泛黄的老照片，有太多的故事和情感交织，每一张都是回忆，感觉我都可以闻到当时空气的味道，体会到那不一样的心境。

我打开台灯，戴上老花镜，一页一页地翻看老相册，昏黄的灯光下，似是回到了那情、那景……

战火中的伊甸园——一段珍贵的友谊

1970年，第一次带着邓丽君和邓妈妈去越南演出。一次演出完，戏院老板王成庆亲自找我谈话，当时还不知是什么事情，我紧张兮兮地跟出去。“你们演出是每周有休息日的，对吧？”王成庆认真地对我说。“是啊！”我丈二和尚摸不着头脑。“那……我太太和朋友一起出行，可不可以邀请你们一起去？让邓妈妈也一起。”“哦……”我忽然明白了。因为《谢谢总经理》电影的前期预热，很多歌迷跑来丽声戏院看邓丽君，再加上邓丽君甜美迷人的声音和超强的亲和力，使她马上成为当地人追捧的明星，粉丝众多，当然高官显贵也不例外。邓丽君的头号粉丝，就是丽声戏院老板王成庆的夫人，她的很多朋友也都是邓丽君的粉丝。这次邀约，也一定是老板夫人的意思，想多和偶像接触一下。“那我先沟通一下。”王成庆冲我点点头说：“之前看你推掉了很多邀约，还以为不可能呢。”

我之前确实是推掉了很多达官贵人对于邓丽君的邀约，邓丽君本人不愿意，我也并不想挣那些非演出而得的钱。王太太为人谦和友善，想必这次会是一次简单愉快的出行。不出所料，邓丽君也愉快地答应了。隔天早上，我们就准备出发去头顿海滩。头顿海滩离西贡市一百多公里，一早王成庆就派车接我们一起过去。到了地方，我首先跳下了车，看着长长的海岸线，几个宁静的小渔村，“这战乱时期，能够有如此平静的地方，真的像是到了‘伊甸园’了呀！”我长长舒了一口气，真的是心旷神怡，心情轻松很多。这时，身边又停过来两辆车。嗬，这次出行的人还真是不少， 王成庆夫妇俩、王成庆夫人的朋友一家人，两个女儿和一个儿子，还有他们的一个叔叔。这些人一看就是富贵人家，都是太太、富家千金和公子哥的派头。他们全部都是邓丽君的歌迷，我搀扶邓丽君和邓妈妈下车以后，他们富贵人家的派头完全消失了，看到偶像后，开心得像个孩子。

大家打过招呼后，邓妈妈和两位太太去一边聊天喝茶，我们一群年轻人换了泳衣就快乐地奔向海滩。记得邓丽君那天特别开心，本来还是孩子的她，更像个看到糖果兴奋开心的孩子，完全一改舞台上婉约成熟的风范。这一下子就让所有人都轻松了起来。我真的是佩服邓丽君的感染力和亲和力，这一点不容置疑，也是让她更加美丽闪耀的重要原因。邓丽君的快乐感染了大家，气氛轻松了许多，本来就都是孩子，大家很快熟络了起来，欢笑嬉戏声不绝于耳。那时的邓丽君素颜、泳装，没有一点修饰和装扮，淡雅清素的她一点都没有大明星的架子，快活地拉着两个女孩子一起玩耍，像个男孩子一样冲到海浪里面戏水。能和自己的偶像如此亲近，这得让多少歌迷粉丝们羡慕嫉妒啊！“来，小管，一起合张影！”邓丽君拉着我坐下准备合影，“咔嚓”不记得是谁照的，不记得当时为何要照相，就记得我下意识地往身边叔叔那边挪了一下，然后就留下了那幸福的一刻。接着就是孩子们继续玩耍，把工作压力抛在脑后，把战乱困苦抛在脑后，把阶级贫富全部抛在脑后……直到玩累了，大人们叫人来喊我们去餐厅吃饭，才意识到，肚子早已咕咕直叫，太阳也到头顶，“神采奕奕”地普照大地。我们赶忙收拾东西，去餐厅和邓妈妈他们会合。

餐厅在旁边的一座山坡上面，我们正好在山坡背面，有两条路可以上山，一条是绕到山前面上去，另外一条就是从侧面爬山上去，“走吧，我们爬山！”邓丽君嬉笑地拉着我们，第一个踏上了爬山的小路。哈哈，不知道别人如何，饥肠辘辘的我只得紧随其后，紧跟着这位精力无限、意气风发的小勇士。

快到山顶餐厅了，在烈日灼烧下，我们又拍了一张合照，不难看出，这些平时以车代步的富贵人家孩子已经一脸倦意了。

进餐厅前，大家都洗漱并换上庄重的衣服，准备去就餐。从餐厅的规格看得出来，王成庆太太的朋友一定是越南当地有头有脸的富贵人家。因为，这是越南最高档的法国俱乐部，叫作“食汇”，门口的侍从都说英语和法语。那时候越南有一部分被法国占领，这里都是权贵会员制的私人俱乐部，并不是有钱就可以进来的地方。环顾了一下周围，我们就座用餐。孩子们一改之前嬉闹的状态，都规规矩矩地吃饭，听长辈们聊天。大都是女人们喜爱的内容，不言政治、不谈商业，倒也是轻松自如。邓丽君自然是谈话的中心，是汇聚的焦点。她也很喜欢和大家交谈，就像熟识很久的朋友。那时候我深刻感觉到，音乐是没有国界的，真心的朋友是没有国界种族之分的，虽说在战争年代，心里一片纯净，依然还是有伊甸园的存在。

饭后，大家喝茶聊天，最后拍照留念。人太多照不下，拍照的人示意大家有人站起来靠近一点拍照。邓丽君马上起身让位，说让长辈们坐着，然后站在了王成庆夫人的后面，邓丽君左右是有钱人家两位千金，王夫人旁，一边坐着有钱人家夫人，一边是邓妈妈。我本来是不想参与拍照的，又被叫回去坐在一边。哈哈，现在看来，稍许尴尬。

那天之后，也许是近水楼台，也许是性格相投，很快邓丽君就和这一家人成了很熟的朋友，王成庆的夫人也成为邓丽君很亲密的长辈。王家在越南算是有头有脸的有钱人家，不仅有一个戏院，还经营着不少生意。邓丽君虽说是明星，但我们也算是外出打工，邓妈妈又很节省，攒下的钱还要供养家人，再加上战乱时期，很多事情并不稳定，所以我们大多数时候是吃着泡饭，三个人在一个小旅馆里相依为命的。

但邓丽君和有钱人家的交往可以说是君子之交淡如水，从不夹杂生意和金钱，几次往来还总是叫着我一起，也就熟络了，我也不会觉得和合作老板家人朋友总出去玩儿有什么不妥了。

再后来，有钱人一家就移民去法国生活，来往也就此中断。但那段记忆是很深刻的，和他们一起的回忆充满了我们那一段时间的生活，大家都是亲密得无话不谈的朋友。

新加坡那已经消失的记忆［新加坡国家剧场］

已经不复存在的新加坡国家剧场，据说它是通过建筑设计大奖的评比后，由新加坡政府和公众用“一块钱买来一块砖头”的活动共同捐资建立起来的。它在我青春岁月里留下了深刻的痕迹……这是太珍贵的历史记忆。国家剧场是新加坡历史的一个重要的里程碑，前国家剧场建立在斜坡福康宁公园沿着河谷的道路上，在新加坡博物馆规划区的罐头堡公园旁。国家大剧场最显著的特征，是巨大的、重达 150 吨的钢悬臂屋顶，一直延伸到罐头堡公园的斜坡上；五指墙代表了五颗星星，其户外喷泉代表新月，是新加坡国旗的代表。剧院没有侧墙和后墙，全部倚靠巨大的屋顶作为屏蔽和遮挡物。这在当时的设计领域，也是很独特的。该剧场可容纳 3420 个座位，于 1963 年 8 月 8 日正式开放，用来纪念新加坡的自治政府，是当时新加坡的第一个、也是最大的国家剧场。一个国家对于艺术文化的重视程度，音乐、绘画、戏剧、文学审美的成熟程度，代表了一个国家文明健全的程度。所以国家大剧场的建立和成长也是新加坡政府对于艺术培植大力支持的结果。1966 年到 1982 年期间，一些重大的演出，都是在国家剧场上演的。每年的国庆活动也都是在这里举行。第一个文化节，有柬埔寨的公主、香港的电影明星、邻国的民间舞蹈，等等，当时的新加坡总统称之为："东南亚文化复兴"的年代。

但是，国家剧场在 20 世纪八十年代初，就出现了由于悬臂屋顶结构不安全而产生的缺陷，以及开放式墙壁导致的空调冷气不足的问题。1987 年，新加坡第一条捷运线路建设开工。为了给这条捷运线路让路，综合了各种问题，1986 年，国家剧院不得不忍痛拆除，从此结束了它 13 年的艺术生涯。

我从第一次参演完《悬崖》后，因为都是业余团体，不能靠演戏生活，所以就加入了国家剧场的演出。从那时起，我就和国家剧场结下了不解之缘。我喜欢这里，从踏进剧场的那一刻起，我就能感受到艺术的气息，那种庄严的感觉，激发了我对艺术的热爱之情。我喜欢这里，这里充斥了太多我对于那段生活的回忆，排练中艰辛的汗水，演出时激情的挥洒，谢幕后成功的喜悦……我喜欢这里，这里有太多的故事，太多的梦想，也有太多的泪水……

下面这张照片拍摄于1969年，应该是国家剧场鼎盛的初期，那其实也是邓丽君第一次走出台湾，这年她已经是16岁的大姑娘了，出落得亭亭玉立。这年，她接受了新加坡总统夫人的邀请，特地赶往东南亚地区做巡回义演。这年，新加坡举办了一场声势浩大的慈善晚会，邀请中国台湾、中国香港等地区的当红歌星共襄盛举。12月，邓丽君等当红明星在“中国电视公司”和“中国广播电台”制作侯世宏的带领下，赶往新加坡参加此次演出。各大报纸对此事件进行了追踪报道，内容如下：

“中央”六星携手演出

“中国电视公司”“每日一星”节目的六位主持人，从今（四）日起，将携手在该公司每周日下午一时十五分至二时十五分的新节目《银河星光》中演出。

在今天的节目里，紫薇、刘家昌、左艳蓉、詹小屏等主持人以及邓丽君、张瑠琼、上官萍、张琦玉和张建蓉等影歌星都将参加演唱。

【1970-01-04/联合报/05版】

在邓妈妈的陪同下，邓丽君来到了新加坡，打开了新的天地，开始了璀璨的演艺生涯。在这里，她看到了更多的海外华人，放宽了视野，同时也是她朝着整个华人音乐圈天后迈进的开端。

这场隆重的晚会，是为新加坡聋人协会等儿童福利机构募捐而举办的。被邀请参加的明星除了来自中国的明星，还有日本的女歌星。虽说是第一次参加如此盛大的演出，同台的明星众多，自己又是里面最年轻的一个，但是邓妈妈告诉邓丽君，真诚和用心的表演是最能打动观众的，放心地去展示自己吧。有了妈妈的鼓励，邓丽君信心满满，拿出了平等的真诚，真情演唱了《晶晶》、《采红菱》、《谢谢总经理》等歌曲。她柔美恬净的声线、靓丽清纯的外形、深情优质的舞台表现，博得了满场喝彩。随着这台晚会的电视直播，邓丽君的名字轰动了整个新加坡，一时间名声大噪。这个成功虽然是个开始，但使邓丽君深刻地认识到了，世界有多么的大，天地有多么的广阔，她演唱的舞台以后会有多么宽广，演艺的道路还有多么的长。

国家剧场是邓丽君歌唱事业路线上的一个起点，也是很多艺术工作者梦想的天堂，有多少人像邓丽君一样成为世界的宠儿，也让自己挥洒的汗水和泪水得到大家的认可。在国家剧场，这个我再熟悉不过的地方，我看到了太多的为梦想而奋斗的人，有成功亦有失败，有喜悦也有失落。翻看着一张张后台的合影，我感慨良深，大家看到的都是舞台上的光鲜亮丽、光彩照人，那台后的苦，谁知晓？

我与万沙浪

这是一次在新加坡国家剧场举办的一场慈善演出，凤飞飞在台上演唱，万沙浪在后台喝多了，竟然跑上台弹起了钢琴。我看到凤飞飞一边演唱一边回头看万沙浪，无意间瞄到站在台口观看的我时，那眼神中的无奈。那眼神中没有本应该有的埋怨与责备，反而是心疼与无奈，我不知道眼神相交时我是否也领会到了什么，下台后谁都没有去责备万沙浪。待万沙浪下台，也许他略微清醒了一点，我走向他，什么也没有说，拍了拍他的肩膀，他拥住我，紧紧地抱了我一下。这时，有台下记者进来，顺势给我们拍了一张合照。这个拥抱，代替了千言万语。不知情的小记者也趁机给我们拍了一张，我认为，这张照片里的意义是："我的笑容，只有你懂。"

右手边是著名歌手甄妮。她也是第 16 届台湾金钟奖颁奖典礼上获得最佳女歌星奖的歌手，成为继邓丽君之后第二位获得此奖项的女歌星。

这张照片中，满眼倦意的女明星就是徐小凤，谁知道天生丽质、才华横溢、顺风顺水的徐小凤，在当初也是为了自己热爱的演唱事业，和极力反对的父母艰苦斗争了一番。谁也不可能随随便便成功！ 1969 年，她终于说服自己的父母同意她唱歌，然后在香港旺角的花都、尖沙咀的夜总会担当驻场。在夜总会驻唱期间，徐小凤每天从傍晚 7 时唱到凌晨 2 时，月薪却只有 600 多港币。这张照片是晚会的采访记者在国家剧场的看台上采访的时候拍摄的。那时候正在彩排，已经累得让困意袭得她频频点头的徐小凤依旧坚持在看台上看台本、背歌词，熟悉流程。我路过时她叫我过去一起，让我告诉她整个演出需要注意的事项。我看她如此疲累，劝她去后台休息一会儿，免得晚上演出体力不支。她坚定地跟我说，她好不容易争取到了父母的同意，她要用成绩告诉他们，她的选择是没有错的，她太热爱唱歌事业了。“我可以坚持，没事的。”我还印象深刻地记得，她跟我说，像是正在安慰我。

新加坡国家剧场无数明星登上过，所以也会有众多记者跑来采访拍照。当记者太多，已经影响到我们正常的工作和休息时，剧场就会禁止非工作人员和非演员出入。但总有一些小记者装扮成演员助理或者剧场工作人员混进来，偷偷拍照或者寻找一些新闻信息。就有这么一个小记者，不知怎么混了进来，端茶倒水，工作比真正的助理还要勤快，慢慢也就熟络了。有一次，我问他：“何必这么辛苦，随便拍几张照片，拿去交差，不就好了？”他先是惊讶了一下，然后恳求地说：“您别赶我出去啊，我希望深入了解，我写的不仅仅是明星。”“哦？那你说说你想写什么？”“我想让读者知道，演员只是精彩演绎的一部分，背后有那么多的工作者的付出，才会有台上的华彩。我想写所有兢兢业业为艺术付出的工作者，比如您。”“哈哈，写作很重要的是需要有颗包容、平静的心态，小伙子，你还那么年轻，加油！”记得我后来很多在国家剧场的照片，都是这个小记者寄给我的，要不是他，我可能还没有功夫去拍这些珍贵的照片呢。

电影《当我已经知道爱》里全部原声带插曲，都是由邓丽君、万沙浪还有陈琼美完成的。

国家剧场后台和香港童星陈琼美。

在国家剧场后台和丁佩的合影。

这位是“远东十大歌星”之首，台湾歌手姚苏蓉，六十年代初他们带领了一批流行歌手，以明快的曲风，吸引了很多人对华语歌曲的关注，逐渐开始扭转华语歌曲在台湾乐坛的地位。

很遗憾，很多照片不小心遗失、损坏，没有保存下来，但是这几张也足以见证国家剧场的存在，承载了多少人的青春，见证了多少人的成长，也代表了那段历史的艺术发展阶段。

曾经的挚友

这是一张十分珍贵的照片，我身边的这个人名叫姚厚笙，他是左宏元（人称古月）之妻的弟弟，我们亲切地称呼他“大弟”。

我打心眼里特别佩服大弟，他执着和认真，还有对于任何事情都有自己独特的见解和道理。大弟是一个著名的音乐制作人，是台湾第一个倡导并且引进西方音乐教育理论体系和制作体系的人，是二十世纪七十年代台湾民谣以及校园民谣热的催生者。他率先采用海外的制作方法，努力发掘新人，为音乐界打开了一扇创新和改革的大门。第一个成功弟子就是欧阳菲菲，之后陆续成功培养了很多台湾知名歌星。

大家都说他是催生者，其实我觉得他是创新者，他是伯乐，具有非同寻常的眼光和犀利的判断力。在邓丽君的演唱道路上，他是很重要的指路人，我觉得在那个时候，也只有他能够做到提炼并几乎是重塑了一个真正的歌者——邓丽君。先开始，我们的看法是一样的：觉得邓丽君不会唱歌，那不是一个歌者在展示她得天独厚的歌喉。虽然在宇宙唱片时代，邓丽君录制的歌曲已经有上百首了，是当红的歌星了。但是，大弟还是从头开始对她进行细致的指导。从发声方式到唱歌的习惯，以使丽君蜕变成一个真正的歌星。丽君唱歌的方式总给人一种可爱小女孩的味道，尾音总是“嗯，嗯”的上扬，歌曲也多数为一些轻快的曲调。这种方式虽说俏皮，但并非成熟歌手的方式。在大弟用慢节奏歌曲的方式指导过丽君之后，她再唱叙事的歌曲时，我们发现丽君能以惊人的感情加以诠释。这种唱法无人能及，那就是邓丽君自己的方式，她不仅仅在唱，更像是在你耳边娓娓道来，深入人心。静静地听，你听入到梦里。打开歌手的天赋之门，这是大弟的惊人才华。在以后漫长的歌唱岁月中，随着经验的积累，邓丽君的这种歌唱方式渐渐变成了她长盛不衰、漫步歌坛的独特唱法。而她在不同阶段，吸收了新的歌唱方式，愈发趋向自然腔调发音的唱法，真正成了带动华语歌坛的新唱腔。

这张照片拍摄于 1979 年，在新加坡的武吉士，人称人妖街。说起这里，人妖街也是我们那个年代的记忆。二十世纪四十年代，日本人打过来，那里就开了很多酒廊招待日本兵，二战后，那里就开始有小贩去摆摊卖东西，也是这个时候人妖开始在那里聚集。所以当时那里就吸引了外国游客来看人妖、逛夜市、吃东西、喝酒。大部分都是英国和美国军人。所以，二十世纪七十年代的时候，这条街在世界各国海员中是相当闻名的，只要一提到武吉士街，马上就会令人想到美丽女招待在酒吧内接待客人的情景，也算是繁华的红灯区。后来，新加坡政府宣布此条街为不受欢迎的街，封闭几年后，就建设捷运和商场，直至 1991 年，这条武吉士街才逐渐恢复了灯火通明和车水马龙的热闹景象，但却也不是当初那迷雾中灯红酒绿的景象了。这条街也承载了我们当年年轻时的很多记忆，看到这张照片，还记得那景、那时，还似乎闻到了弥漫在空气里街道的气息。再后来，我和大弟各自忙着，挂念，但不相见。

散落的记忆

这张照片应该是 1971 年在越南西贡胡志明市，一个酒吧门口拍摄的。

那时候我组了一个乐队，叫作“圣雷乐队”，在当时也是名噪一时呢。左一是乐队的鼓手。左二这个女孩子，是我在公交车站偶然认识的，身材很美的一个女孩子，后来总和我们一起玩，后来就成了另外一个乐队成员的老婆，嘿嘿，我也觉得蹊跷。中间坐着的是一个马来西亚的歌星，叫作黄秀玲。右面就是我们的头牌邓丽君了。我记得那时我们刚做完记者采访，之后，记者拍下的照片。

这是我很喜欢的一张照片，因为有“意外”的成分在里面，现在看，还有一丝忧伤。二十世纪七十年代初，在越南西贡，我们和越南华报的社长一起去动物园玩，顺便做了一些采访。在记者给我和社长合影时，邓丽君意外地跳了出来，架着我俩的肩膀要一起合影，打破了我们原本严肃的合影气氛。随着快门“咔嚓”一声，记录下了我们三个人轻松愉快的笑容。这位社长在不久后，被枪杀了，一枪命中头部，当场死亡。现在想来，三人的笑容，已有两个人去了，怎能不伤感？

这几张老照片都是我第二次带邓丽君去越南时候拍摄的，看我们那时候总是和乐队还有戏院老板一起出去玩，龙王庙、动物园、头顿海滩……一群年轻人不顾硝烟战火却在自己的小世界里乐在其中。邓丽君那时候的性格跟个小男孩似的，我们乐队一行人都是男的，越南中部的蚊子特别多，大家在床上打牌，就都躲进蚊帐里面。小邓丽君也钻了进来，我当时看到也不好说她，邓妈妈说，“哎！没办法，就像个小男孩。”她的性格就是这样，很平易近人，跟大家都很合得来。

这是我第一次去越南演出，和我的合作伙伴，马来西亚人李成财，在西贡八达酒店的房间里的合影。

这是 1969 年，在新加坡加冷机场。我邀请著名演员白光来夜总会演出，这是当时接机时候的照片，人潮汹涌，她火得不得了了，我从人山人海中是艰难地把她迎接出来。

嗯……这张照片意味深长，一段没有开始也没结尾的感情。那是 1975 年，我带邓丽君去泰国演出，同团的歌星里一个叫黄晓君的歌手，很有文化涵养的女孩子。我们之间萌生的感情无法用语言来表达，但那时候我有女友黄鹂，作为男人我不敢越雷池一步，只有这张照片，还偷偷藏在我妈妈那里代为保存。那年黄鹂出了一首单曲叫作《证明我多爱你》。那时我还年轻，经常和黄鹂吵架，我们的性格里都有很狂躁的成分。

黄晓君同年出了一首歌叫《不如早点分离》，隐喻我们的感情该走到尽头了，不知黄鹂从何处得知，为此事还和我大吵了一架。

做演出的同时，小管我也做过一些小买卖，二十世纪七十年代中期，我在新加坡开了一间理发店，旁边还开了一间私人定制的服装店。这张照片是在我私人定制服装店里，和大盗歌王林冲的合影。

1980年左右，我在新加坡做一些品牌服装的总代理，开了一间服装店叫作“BAN BAN”，很有名的一家店。这张照片就是我和童星纪宝如在我服装店里的合照。

1998年4月，和《北京人在纽约》、《甄嬛传》的出品人郑小龙，房地产开发商张军，在新加坡的合影。哎！那个时候我还是风生水起、春风得意的，穿得花花的。

这条领带是邓丽君特地让泰迪·罗宾带到新加坡送给我的。照片是我 1970 年初第一次去香港照的。泰迪·罗宾总是在新加坡美心夜总会唱歌，我和邓丽君总是去那儿看他。

这是我带邓丽君去泰国演出的乐队成员。

这是马来西亚红歌手罗宾，前阵子刚刚去世。

2000年10月28日，庆功宴上，和好朋友成龙在北京合照。那时候成龙来北京肯定是要找我的。

2005年的时候，和好朋友杨瞳组织了一个慈善捐赠活动，叫作“starbay”，是用明星捐赠的物品来拍卖，然后把钱捐出去。这是在北京798艺术区举办开幕仪式，明星云集，爱戴、钟丽缇、翁虹、景岗山……还有方正集团老总，蛮隆重的一个仪式。

这是很早的照片，不知道他们是否还都在世。谭顺城（马来西亚歌手），杨科尔达，新加坡统一唱片公司罗先生，我们四个人在泰国拍摄的合影。

这是二十世纪八十年代初，我们在新加坡的银星夜总会，举办郑裕玲和大 L（很红的香港演员）的演唱会。哈哈，

那场演唱会还有一件很有意思的事情，郑裕玲要演唱《爱你在心口难开》，但是开场第一句她唱不上去，让我给她想办法。于是我让她开场背对观众，让其他歌手先把第一句“哦～哦～哦～耶～”唱完，她再转身接着唱，没办法中的办法。照片是在后台我和大 L 的合影。

这是 1985 年，在香港尖沙咀东部，香格里拉饭店门口。我和好朋友白浪哥（李道洪）、大老板钟先生一起的合照。

说起白浪哥，到现在我们也是经常联系的好朋友，同林煌坤一样，我们无话不谈。

二十世纪七十年代的港星李道洪（白浪哥）当时和周润发同属无线电视台演员，这张照片是和“台湾”很红的谢玲来新加坡国家剧场慈善演出时他单独照的，我当时也算是他的特约经理人。

往事如浮云……

老照片，我一张一张翻来，回味了这六十载的时光，曾经热情洋溢，跳动的青春，现在感受的都是美好。就算是痛苦、困惑，也都已经过去，不再纠缠心头。我，还有照片里这形形色色的人，都努力地去生活、工作、爱……付之一生，无怨无悔！

功成名就

年轻的歌手们都是来自各大艺术院校的莘莘学子，她们怀揣梦想，脚踏实地开始潜心研究中国流行音乐的历史，唱功，以及年代赋予的浓厚气质。

明星之路

周润发

认识他的时候，他就是个电视台的演员。那个时候，他和无线电视台有些过节，所以那段时间，他没有接任何通告，逃到加拿大，找一个叫刘天蓝的女孩子，然后又去台湾找我一个好朋友李道洪（白浪哥）。那个时候，周润发身边有一个人，叫作张国忠，就是周润发的经理人，带着周润发流浪，躲通告。

我的好朋友兼合作人李小麟，被张国忠说服，要成立一个公司，最后还把我在新加坡的公司也纳入了进去，叫作“影舞者”。还有《监狱风云》里面一个演员一起，我们一共五个股东把这个公司做得有声有色。这张照片是香港“影舞者”公司成立大会的合影，我代表新加坡的公司，合伙人李小麟，还有周润发的经理人张国忠，我们三个人不是演员，其他都是当时

名气很大的演员。那天真的是众星云集，很多明星聚在一起，为“影舞者”的起步做了一个很隆重的开场。记得第一个项目叫作《WALK MAN》。“影舞者”的曲终人散并最后卖给别人，那都是新一轮的故事了。

有一次在吉隆坡演出，庆功宴上，大家都喝醉了，没有人能开车送我去机场，我正踌躇着到底是走还是不走时，周润发拍拍我肩膀说：“走！我开车送你。”从吉隆坡市里到机场很远的，又那么晚，当场他也算是镇场主角，所以那次我还是蛮感激他的。

刘德华

我和刘德华的关系比较间接了。刘德华比较年轻，算是我们的后辈了，他之后成名也是因为周润发。那时候，许鞍华有一部戏叫作《投奔怒海》，本来是找周润发演的，周润发没接，许鞍华就找到了刘德华。因为都是有线电视的演员，刘德华很想知道周润发为什么不接，就跑去周润发拍戏的地方问他。那时候他们还从未谋面也互不相识，但周润发跟刘德华好好说明了原因也仔细分析了状况。原来，《投奔怒海》里面有一段戏是计划去海南岛拍的，当时情况是，如果来祖国大陆拍戏，会影响以后在台湾的发展，那时候的台湾市场炙手可热。但周润发鼓励还没有什么名气的刘德华去拍，毕竟那是一部好戏，从剧本、班底，到演员和宏大的制作，都是相当棒的一部剧作呢。有了周润发的鼓励，刘德华毫不犹豫地把《投奔怒海》接了下来，最后票房飙升，大有成就。周润发跟我说过："刘德华是个好演员！"

1990年，我和李小麟、刘德华等一共5个人合资注册了"银座（天津）文娱发展私人有限公司"。

谢津

谢津是我们公司签约歌手，内地女歌手。非常有才华的歌手，当时因为演唱三宝作曲的《亚洲之光》一举走红，成为与那英、毛阿敏、杭天琪齐肩的女歌星。如果她当年没有去世，那真的现在应该在中国歌坛可以是数一数二的人物了。1992年的“中国风”大型演唱会上，谢津还把孙楠介绍给我认识。我和刘德华非常看好这位嗓音个性极具现场煽动力的歌星，之后的《女人天生爱做梦》、《说唱脸谱》也令她事业如沐春风。

这张照片是1992年在新加坡圣淘沙海底世界谢津妈妈拍的。谢津的爸爸是天津某机关的干部，她的妈妈是个音乐指挥，家里对这个女儿呵护有加，可以说谢津是有点过分依赖她妈妈。1999年2月14日情人节，谢津从23层家里坠楼身亡，我不知道为什么。关于她自杀的原因众说纷纭，只知道她爸爸推门看到了她跳窗而下……可惜了一代英才。

丁薇

1994年左右吧，我们的公司还在天津。那时候我也正在谈买《红旗飘飘》版权的事情，所以公司在北京菊儿胡同租了一个办事处，我也就在那边住，因为那儿也是我很喜欢的一个地方。菊儿胡同临近南锣鼓巷，那边的条条巷巷特别多，每条胡同都有它的陈年往事，住的全是土生土长的老北京人。那时候还真是土路和大院子，无处不散发着北京浓郁的文化气息，不像现在被严重商业化了的南锣鼓巷。很多迷恋中国又还不甚深入了解北京生活的外国人住进菊儿胡同，所以我经常能看到洋人骑着二八自行车在胡同里乱窜，那风景，好像卡通人物误闯进历史书一样，别样风情。

那天孙楠带着金武林、丁薇来还钱，想想那时的孙楠一千块也是要借的。同时还要借用我们公司的传真机，传一首歌给香港的黎明。然后留在我家打牌、喝茶聊天，就这样我就和丁薇认识了。

我搬去王府花园后，我们公司才和丁薇签约，之前大家一直是喝茶打牌，无话不谈的朋友。这张照片是我们在王府花园孙楠家里的合影，照片中是丁薇的姐姐丁菲飞，后来改名叫丁蕾，也是一名歌手。我觉得丁菲飞各方面都超过了丁薇，在台上唱歌，中英文、广东话啊，游刃有余的，但是不知道为什么就是没有红。另外一个是香港演员陈欣建。

丁薇之前是校园歌手，她在音乐上非常干净透明，那种清丽的感觉贯通所有。慢慢地她有了自己的欣赏品位和艺术风格，创作型歌手的她，随性、前卫，我总觉得她那不食人间烟火的气质，如梦幻般游走在娱乐圈的边沿。

2000年，我带丁薇去美国纽约拍MV做宣传，接受BMG唱片公司的采访。这次时间挺长的，有好几个星期。当时BMG的老总很是欣赏丁薇的创作能力，所以《开始》这张专辑他非常重视，派了很多在纽约工作和台湾派去的工作人员协作，所以丁薇的很多工作都被他们接手了。我自然变得十分悠闲，经常独自一人满街乱逛……毕竟第一次来到美国，也是多走走多看看这时代尖端的产物。当时就步行到了帝国大厦附近……那时的繁华昌盛今天回想还历历在目，毕竟难得如此闲逛，清闲得不得了。怎知隔年那里就遭遇严重的袭击。

这几张是在美国纽约中央公园旁边照的，还有丁薇帮我和关淑怡拍的合影。

工作之余，我们就和工作人员一起去酒吧里放松一下。喝点小酒，拍拍照片。

周华健

华健是我中风之后认识的一个好朋友，很多年了，我们之间就和其他朋友一样，单纯地互相欣赏，一起吃饭、喝酒，来我酒吧唱歌。华健有很多朋友的，他很和善。新加坡总理吴作栋的夫人置办了全国肾脏基金会（NKF），华健每次来都捐很多钱，他在基金会里朋友很多，也介绍给我很多认识，其中就有杨坤达。华健和成龙的关系很好，成龙又和我五弟是好哥们，所以大家都玩在一起。

这是在我天津“龙吧”的合影。

华健请客吃饭，带来了他的好朋友黄品源和我们一起认识，那天聊天聊得很开心。

2002年的事情了，我中风后，新加坡总理夫人请我们吃饭。

二十世纪九十年代初的孙楠，还有华仔，青春坦坦荡荡地写在了脸上。

孙楠

发现孙楠，是在香港，我要去看我们公司签约歌手谢津的“中国风”的演出，我就托新华社的朋友田丹帮我买了十张票，同合伙人李小麟一起去。演出中，无意中发现了一个好歌手，当时他唱的童安格的《花瓣雨》，真的是好听，那个歌手就是孙楠。在座的珍妮和李小麟也不约而同地认可了孙楠，因为我有事在身，第二天就飞新加坡，所以李小麟留在香港约孙楠谈合约的事情。最后我们相约北京民族饭店签合约，开始了我们之间的合作，也建立了我们长达至今的友谊。

孙楠唱高难度的歌，可谓艺高人胆大。记得有一次他在吉隆坡领奖时，忽然有台下的观众起哄，喊着要孙楠唱首歌。我本来以为孙楠会生气或者置之不理，毕竟只是领奖，没有准备伴奏或者乐队，没想到他大方地张口就唱，清唱最考验歌者的功底，这一张嘴不得了哦，全场安静，大家都屏住了呼吸。我观察了一下现场，连那些大腕儿们都静下来倾听，之后便是满堂喝彩，掌声连连。还有一次是在上海演出，我在后台休息，正在备场的梁静茹听着孙楠的演唱，竟然入神得差点忘记了下一个登台的是自己，我还听到她喃喃自语地夸奖孙楠实在是唱得太好了。那时候我也感到十分骄傲自豪呢。

这张照片是我帮孙楠和辛欣拍的，当时我带他们两个去印度尼西亚的夜总会演出，当初他们没有什么钱，没有合适的衣服登台。照片里那两袋演出服就是我给辛欣买的，好几

百美金的演出服。记得当初辛欣还不好意思收，我跟她讲，演出服就是她演出的一部分，甚至更加重要，没有付出哪儿来的回报呢?

1994年的一天晚上，孙楠开着车，跟我说："我带你去趟我新买的房子。"我就稀里糊涂地上了车。记得当时从亚运村开到那里差不多十分钟。

到了以后，他那是九号楼，一个三层的小楼，也没有客厅，"这哪像房子啊？旁边那十号楼还算不错。"我随口一说。"你看这栋，客厅也大。以后等你发财啦，把十号楼也买下来，就把它们两边打通。那看着才气派，够住啦。"我打趣地说。

"那你把旁边买下来啊，我们做邻居多好？"孙楠突然很高兴地开始撺掇我。

我当时也没多想，连进屋看都没有，当机立断，买了下来。从此，我们就成了邻居。所有的事情都没有让我操心，全部都是孙楠和金焱两个人打理的，包括接电话线都是用的孙楠的身份证。那个时候我每个月差不多要在那里住十天八天的，后来知道伏明霞也住那里。

这张照片是和伏明霞，还有北京国安俱乐部的足球队员南方一起在孙楠家的合影。那是我第一次和伏明霞见面，虽说见过很多明星，但是对于奥运会跳水冠军，我由心底敬佩。那次我们是以邻居朋友的身份见面的，非常亲切。

辛欣、我、伏明霞，还有我徒弟金焱的老婆蔡军。我们那段时间在王府花园过着世外桃源般的日子，吃吃喝喝，谈天说地。

这张照片是在我家，给孙楠庆祝生日，殊不知当时是怎样插上那么多支蜡烛的。

这张照片我印象很深，那是2003年孙楠的第一场演唱会，在长春。那时候我已经是中风后的状态了，有些老态，还需要

人搀扶。其实我的自尊心不允许别人来搀扶我，但有点不爽的情绪被那演唱会的热情燃烧得烟消云散。这是当时公司的同事，在庆功宴之后拍的合影。话说当初也是为了孙楠更好的发展才转到北京的，这才有了北京音乐星工场，若非如此，大家或许还在天津开发区。这也是我中风后第一次出现的合照，一切机缘巧合都是未可预知今日的，可惜最后还是曲终人散！

这张是当初和孙楠在我天津的“龙吧”。

白浪哥（李道洪）

说起白浪哥，到现在我们也是经常联系的好朋友，同林煌坤一样，我们无话不谈。听说我要写书，白浪哥马上说要帮我写序，这个朋友真是仗义，在百忙之中（一个球迷能在世界杯期间）抽出时间，帮我写出一篇美文，我真是感激不尽。

说真的，我看到白浪哥如此真诚地做了我们时至今日 43 年的历程记录，让我回忆起当年的一幕幕，感慨良多，我也泪湿眼眶。说起来我们的情谊还真的是很长远，一起经历了好多风雨。

李道洪是七十年代的港星，看他时髦又帅气的造型，真可谓英俊潇洒、玉树临风、风流倜傥。当时的他和周润发同属无线电视台演员。

这张照片是白浪哥和当红女歌手“江铃”来新加坡国家剧场慈善演出时的合照，我当时也算是他的特约经理人。往事如浮云啊……

《银色画报》的封面，那时候李道洪一度是想在台湾发展的。

这张黑胶唱片就是我监制的。李道洪的第一张黑胶唱片，哈哈，他自己说，也是最后一张。

这是李道洪在电视剧《我和春天有个约会》中的造型。还是做演员适合他，一炮而红，从此“白浪哥”就是他了。

2016年的冬天，我们在新加坡再次见面，几十年的好友，说来也几十年未谋面，却一点没有生分的感觉，只是又回到了那时那境，让人感慨良多。他虽然只比我小三岁却活得仿佛不到五十岁的人，讲话声如洪钟，记忆力超强，若说人生状态之佳，莫过如此了吧。

【明星】

对于“明星”这个话题，蓓蓓问了我一些问题。

问：管先生您是怎么看待明星的？

答：因为我是一个 Star Maker, 是创造明星的人，所以明星在 我心目中就是和普通人一样的，是一个个活生生的人，他们的明星光环不是我给的，是我们帮助他创造出来的 。

问：有些人会觉得制作人会把明星，把他旗下的艺人们当做棋子，当做产品，这个事情您怎么看？

答：我们的年代根本没有这回事，我们那个年代根本没有这样的概念。那我就问你，那英的姐姐在早期的时候会把那英当做明星吗？不会。但当她红了，自然就有了明星的光环。刘晓庆的妹妹，也一样。所以很多事情，我们从外面看是这样，但是事实上并不是。因为生活在一起的时候，就是家里人，就是兄妹、亲人。当然当她成了明星，在外面她是有光环的，但你不能接受她回到家后，哦，因为她是明星，妈妈还得对她膜拜么？不会的吧。所以，明星光环是人为的，在众多人的供奉下才有的。也因此，明星必须要照耀大家，她必须懂得做人。就像我那天跟孙楠说，你现在这样做非常好，因为这个时候做人比唱歌更重要。你看孙楠现在，马云都出来给他站台，就相当有说服力的了。因为我知道孙楠现在是很有钱的，他能在这个时候做这种（公益）事情，就表示他在我心中又成熟了，不再是过去的孙楠了，他懂了，我更加欣赏他了，我没有看错人。当初欣赏他也不仅仅是因为他唱歌唱得好，很多原因的。

当时签约的时候就是三十（给我 30% 的经理人费用）啊，到后来我们和高峰他们那个公司，还有罗中旭，都是五十，五十的。但到了最后，我和小丹（彭丽嘉）她们，我就十（10% 的经纪人费用），她们九十。因为这时候我就做她们的经纪人了，经纪人只能拿百分之十；经理人呢，可以拿到百分之三十。因为经理人所付出的和经纪人不一样，经理人需要给艺人包装，甚至“装修”他，那样的话百分之五十都不奇怪啦，就看你付出的是多少了。可能我现在再捧一个明星，他是从零开始的，我要投入很多在他身上，牙齿不好给他花钱做牙齿，哪里不好就给他“改装”。但是经纪人不用“包装”的，就是给艺人“接活儿”。这些都是你情我愿的，事先都要谈好。所以经理人还真的是“伯乐”。所以我和邓丽君的关系还不仅仅是经理人了，我们之间都是无偿的，我们之间都没有签合约，就像一家人在一起。

问：您做了五十年的“明星”经纪人、经理人、投资人，有没有觉得您那个年代的“你们”和现在的有什么不同？

答：太多的不同了。现在是以公司行为为主，而我们当时是以个人行为为主。后来才越来越大，整个工作链也很长，包括企宣之类，就是整个团队了，不是像当年我们是一个人的事情。我们当年就一个人，作为经理人，我陪着你（明星），像个保姆一样。我记得很清楚，当时认识一个美国的经理人，他是新加坡最红的一个女歌手的经理人，这个女歌星叫作 Anita Sarawak，她的表演绝对是好，但因为有一个好的经理人，她是第一个到拉斯维加斯演出的亚洲艺人。这个经理人到目前我都觉得没有人能超越他。他当时和我讲：你知不知道，Anita Sarawak 可以在一个一万人的舞台（表演），也可以在一个五百人的小场地（舞台表演）。为什么？就像在……，比如希尔顿高级餐厅，一张票可以卖到好贵好贵的，但是在环境好、舒舒服服的演出场地里，虽说只有五百人，但是档次就不同了，跟在一个大剧场里演出是不一样的。所以要看不同的场地，要有不同的价格。不要就是一个死价，一出场就一个价，不是的。这是当时他给我灌输的概念，这样就很灵活了。

你看邓丽君、周华健、张惠妹，都是酒吧唱歌出来的。但是不同的国家都有它独特的文化，演绎酒吧的环境也不同，邓丽君当初说过在酒吧唱歌，心中很委屈……新加坡的酒吧就很严格，在舞台上演出的演员，不可以下台和观众握手，不然是要被罚款的，这是法律。还有的地方，像日本那个喜多郎，长头发都不可以上台的。所以作为一个经理人，我们需要的知识很广，要吸取各种的文化，然后找出一个合理的（方式）来适应这个国情。所以我说中国很了不起在哪里？适合我们（新加坡）这边的国情。

现在的娱乐事业，对于我来讲，我觉得太刻板了，就一套东西，所有的年轻人上来就培训，都同样的教材。但是我也觉得可以接受，是因为他们做过很多的调研，他们觉得大数据程式下的筛选，会层层选优。我们当初不这样的，看艺人都是凭借经理人自己的眼光，包括经理人的喜好。还有看不惯现在这个票务市场，一张票可以炒到一万、两万，为什么呢？就是现在这畸形的社会现象，太需要严格的管理了。

问：您当年的经理人圈中，对于艺人会不会有那种三六九等之分呢？

答：绝对没有！我从来没有把任何一个人看高或者看低的，我很相信自己的天赋。从来我看上的，我认为他火，没有不火的。很少有一个我认为不行，最后却火起来的。只有谁？就是周杰伦啊！我跟你讲，我退出江湖就为了周杰伦。

当初吴宗宪问我：你看看我这个歌手怎么样？比如早期的《双节棍》，我当初问，“这是谁？样子什么都不错啦，但我觉得他不是一个优秀的歌者。”当初我给的评价不怎么好。但没想到他（周杰伦）才华这么多，这个脑袋太好了，会编曲，会讨得观众欢欣。这就是我不及的地方啦，那时候我就觉得自己已经不适合这个时代了，跟不上他们的节奏了。我该退出江湖啦，于是我就不再做经理人了，不去做团队的领导者、抉择者、判断者，我只做一些辅助的事情，退居二线。但我尽量让自己用很年轻的心态在接触新事物，去触及这时代的脉搏，但是还是不尽如人意的。最让我力不从心的是高科技的发展太迅速，学不来。我经常跟我儿子讲，我教不了你了，很多东西我都跟不上时代了，但是我可以给你讲道理听，经验、感觉、审美，这些是那些“机器”没有的。

从这些谈话内容你也可以知道，“明星”这个词可以很狭义地作为一个演艺从业者的荣誉，也可以广义地用在任何事情的“最上层建筑”上，每一个明星的光环都需要努力才能得来，没有那么轻易就可以戴上的。

觥筹交错中创事业

——五十年代

五十年代酒廊对于我而言不仅仅是一门营生，更加是我事业中的一个作品，有我对于酒廊事业的创新和追求专业管理制度的态度，也是我开拓精神的体现之一。

进入酒吧行业也是从演艺事业慢慢演变过来的，如果说带艺人开拓越南市场，是我事业步入正轨，在行业里建立人脉，那开酒廊，就是我稳定人脉，进入商业运营的阶段。

起先我也是带着艺人进入酒吧，同时摸索研究管理和经营。记得第一个进入的酒吧叫作“声雅廊”，正如其名，舞台、音乐、歌手，是其不可或缺的一部分。在千差万别的演艺市场中选择做酒吧管理，都归于我当时还是年少喜好热闹的初衷。做得热火朝天的时候，又有一家叫作“优碧雅”的酒廊请我去做管理。工作和应酬充斥了我的生活，导致我失去爱人，忘却自我。

也许是实时的市场确实高涨，也许是我豪情的个性施展完全，我一路顺风顺水、风生水起，势不可当。在此同时，我开了一个新的酒吧，叫作“银座酒廊”。“银座酒廊”1985 年在马来西亚新山市开业，我开动了自己的人脉，加大了舞台的演出，我选择了最顶峰的时期，捞到了在酒吧行业的第一桶金。这个酒吧我苦心经营了十八年，直到中风后才很不舍地转让给了别人。

再后来我承包了“碧雅”，建立了新加坡“五十年代”，在天津又开了“龙吧”，要说开酒吧，我还真是质量和数量都过硬啊！

直到 2001 年，很清楚地记得，当时虽然听医生的意见开始服用降压药，只是工作太忙，根本停不下来。紧接着那次飞往曼谷，我忽然感觉身体失去平衡，踉跄了一下，当时自己毫不察觉其危险性，因为工作在身也没有去理会。没几个月后，脑溢血中风事发，就此造成了长达至今十七年的治疗，也无法完全康复。不过，我经常说："庆幸这次中风，我才可以活到现在！"而只有母亲最懂得这话里的玄机。

为何如此之多的酒廊经历，我却独爱"五十年代"？也是因为中风后，我开始思考，毕生对于酒吧管理的理念，必有我自己开拓出来的门道。

说到开酒廊，我的第一理念就是，这种买卖就是要做有钱人的生意。那怎么从有钱人的口袋里面掏出钱来？其实重在品质！先要提高自己的品质才能有资格去选择客人的档次，俗话说，物以类聚，人以群分。如果做成那种三教九流的歌女场合，一个中风后的老头为何还要去摆一个这样的烂摊子呢？严格的管理从最简单也是最重要的酒的品质开始。我的店里绝对不允许出现假酒，很多酒商登门推销，给我优惠、送我礼品、返我折扣，甚至带客户来消费等，可谓用尽全身解数，使用方法层出不穷，但我都不理会，只要严格把控酒的品质，哪怕贵于市场，都不在话下。所以与我做生意，一码归一码，良心做事，如果偷奸耍滑，那在我这必是无缝可插，无的放矢的。

舞台管理的创意在于“零台费”的概念，第一次实行这个概念还是源于在新加坡开的第一个“五十年代”。那时因为生意好，很多阿姨会进来酒廊里卖花，很多客人也很愿意送给歌手、演员鲜花略表心意。但是因为舞台上收到的花太多了，歌手有时就是把花放回吧台。由此，我想到一个共赢的方式：送花表心意！一朵花除去成本，由酒吧、服务员、歌手三方一起来分账处理。这一举动带动了服务员和歌手工作的积极性，服务员在服务之余可以推动客人送花，学会了如何和客人互动和赞美歌手的唱功与特点。演员、歌手更加重视在舞台上的表现和服饰配备，在得到客人鼓励之后更加肯定自己，在竞争中提高自己。这些进步更加带动了客人的消费，客人在观赏表演之余，还从欣赏的角度参与到了演出中，可谓是一种新鲜的体验。

就这样，成百上千的鲜花被一捧一捧地送上了舞台，那时可谓是鲜花烂漫，辉煌至极。但如此多的鲜花还是浪费的，为了表达心意，有些豪气的客人竟然一次就送成百上千支。这一直是我心中觉得不妥的地方，但也没找到合适的方法来代替。后来有一次，在新加坡机场，我无意中在鲜花店里看到有卖胡姬花的，新加坡人称此花为“卓锦·万代兰”，寓意是“卓越锦绣、万代不朽”，并且以此为国花。嗯！好一个“卓越锦绣、万代不朽”啊，意义非凡！我就带了一支到天津，天津有个“泥人张”的传人是我的朋友，我请他把这朵胡姬花临摹制作了一个模板，记得当时的造价就五万人民币。我带着模板回到了新加坡，开始快马加鞭地赶制金、银胡姬花。烫金的胡姬花，既高贵，又深含寓意，配得上我专业的舞台和尊贵的客人！

送花之火开始熊熊燃烧，这下可好了，客人们表达了心意，拉近了与歌手的距离；歌手在舞台上得到了肯定和鼓励，更加努力地加强唱功和舞台表现；服务员得到了更多的报酬，更加积极地工作，给客人提供最好的服务……

这种良性循环，使酒吧的经营有声有色。

“五十年代”风靡了当时酒廊业，可谓是传奇的一笔。这还不够，我还把这股风吹到了当时我最看好的北京。北京“五十年代”就此开业，这里成了很多人的“天堂”。客人进来看到最好的服务、最优质的美酒、最专业的歌手，最优美的声音，自然感觉到了天堂；歌手进入这里，拥有最严谨的管理、专业的音响设备、华丽的舞台、高品位的听众，丰厚的报酬，自然也是天堂。一批批优秀的歌手从“五十年代”孕育而生，走向更大的舞台，走向他们更加辉煌的人生。

不过，等到合适的时间，我们还是相对地使用了一些方法，吸引来的股东各尽其用，带领我们的歌手走上更广阔的舞台。在曾经一起工作的合作伙伴中，李小麟是我的工作伙伴，也是我的挚交好友。自 1990 年，李小麟、刘德华和我等七个人，合资注册银座（天津）文娱发展私人有限公司之后，我们一直是交往至深的朋友。我 2001 年中风以后，李小麟就劝我把很多忙累的事物全部停掉，减少工作负荷，建立股份制度，只留下“五十年代”，这富有新生代生命力的事业。最后我们选择把事业立足北京。北京的娱乐文化事业底蕴深厚，人才济济。

看好前景的几个朋友，包括孙楠、汪涵，都前来入股，租用的场地也是在北京最繁华的东三环边上，原来著名的音乐人聚集地，CD blues 酒吧旁边。2007 年的北京，真的是音乐人、音乐的梦想世界，音乐潮流的聚集地。所有的人到这里，不遗余力地演绎出自己的心声。那时候，大大小小的乐队、歌手，挤破了后海、三里屯，甚至簋街，连不知名的小餐馆都有歌手在那里忘情地弹唱。这个趋势势不可当，而且愈演愈烈。

酒吧行业已经如此鼎盛，为何我们还要来分一碗羹，不怕竞争太强吗？“五十年代”有自己的定位和特点，乘风破浪，高居榜首。“五十年代”，顾名思义就是那个年代的风格，邓丽君主题歌曲，是我的一个夙愿。当时的北京，成功申办了 2008 年奥运会，很多外国游客争相拜访，酒吧无疑是文化交流的胜地。“五十年代”让国外友人了解中国改革开放前后的流行音乐发展，同时也让国内同胞了解改革开放前三十年国内外流行音乐的走向。我们配备专业的舞台总监、钢琴师、灯光、音响师，组成专业的音乐团队，根据歌手的不同特性，布置适合的歌曲、舞蹈来表演。我们也有专业的评审顾问，定时进行评审和指导。

年轻的歌手们都是来自各大艺术院校的莘莘学子，他们怀揣梦想，脚踏实地地开始潜心研究中国流行音乐的历史、唱功和年代赋予的浓厚气质。五十年代的风格让他们沉淀自己，气质优雅，穿上旗袍，绾上发髻，把五十年代的感觉演绎得淋漓尽致。吸引很多中外客人前来欣赏，大多数歌手的歌迷特地来捧场。

“五十年代”是年轻人的舞台，当然还是要活力四射的。我也会每天给他们一段时间，让他们换上自己喜欢的舞台服装，发挥自己拿手的流行歌曲，包括舞蹈、乐器。每周五还有一个个人 show 叫作“今夜星光”，音乐团队为其中一个歌手打造五个表演，全体歌手都要帮忙助阵，伴舞和伴唱，歌手们认真彩排，精心打扮，都希望自己的秀能够光芒异彩。

记得我看到第一个，也是最震惊的“今夜星光”是我们酒吧歌手里面最有老上海风格的一个，她原名汤唯，因为与某明星重名，所以改名汤舒雅，人称“汤大腕”。她能把老上海时代的歌掌握得出神入化，真的可以媲美当年的蔡琴。全场演出精彩绝伦，汤大腕在台上风韵十足，精美的装扮和精致的妆容，像极了那个年代穿越回来的尤物。深入人心的老歌，用她那像极了蔡琴的低沉声线，完美诠释了有故事的女人。我当时就在台下，之后我和酒吧全体演艺和工作人员开了一个大会，让他们更加懂得这个酒吧存在的意义。我告诉大家：“‘五十年代’舞台的魅力就在于此，专业的歌手用她的认真态度来吸引观众，散发自己的美。我支持你们每一个人。”

而且不单单是专业的歌手有机会，我也在发掘各种领域的人才，我们酒吧里一个年轻的服务员，非常刻苦和用心，想要成为一个歌手，希望能登上舞台，但是她从未在众人面前开口唱过歌，性格也是十分内向，平时不苟言笑。我看中她的努力，还有她充满古典韵味的美。我给她挑了几首老歌，让她练习，并让舞台总监指导帮助她。最后她不仅穿上华丽的礼服登上了舞台成为一个真正的歌手，还登上了新加坡歌唱的舞台，并发展得非常好。这就是“五十年代”的魅力所在，不惜余力地培养人才，而且，就像当初对待邓丽君一样，只要有更广阔的天地，我都放手让他们去翱翔，鼓励他们攀登高峰，不会用“五十年代”的舞台拴住他们。这是我们的家，欢迎他们随时回来看看。

感悟

人生能有几回合？我尝到过人生百味，唯一不变的是我的性格，人家说性格决定命运，命运又是什么呢？是自己手中的一把钥匙，如何选择，看自己吧！

我的性格

今天蓓蓓问我，觉得自己的人生都有哪些成就？我不认为那是些什么成就，对于我而言，突破自己就是成就。开辟越南的演艺市场，算是我人生的第一个里程碑，回想起来，真的恍如隔世，再看今朝，世界变化真快啊！

说起开拓，这要从我成长经历的磨炼给我带来的性格说起。

我对于童年的记忆已经很模糊了，哎，更恰当的说法是我没有童年。那时候，父亲一个人在新加坡谋生，母亲带着我们兄弟四人在印度尼西亚的小渔村的海边租下了一个搭建起来的破旧木屋。母亲睡床，我们四个孩子睡在地板上。有一天深夜，我们正在熟睡中，房子竟然被涨潮的海水撞了一个洞，海水冲进了屋里，所有东西都漂浮起来，大家生怕哪样东西被海水冲走，抢救物品的，补救破洞的，乱作一团，那个窘境真是不堪回首。后来母亲带我和四弟去和父亲会合，在厦门街租了一间房，这房子是几户人家一起合租的，人多睡不下，我们几个孩子就都睡在共用的走廊里，所有人进出厨房和厕所都要从我们身边经过。但这不是最可怕的，可怕的是老鼠特别多，我每次惊醒都是因为手指和脚趾被老鼠啃得生疼。

生活拮据困苦也罢了，母亲那几年平均不到两年就生一胎，生活压力愈发沉重，又再加父亲风流成性，母亲的脾气和心情自然很是不好。

我在家排行老三，两位兄长因为念书留在渔村继续上小学，所以老大的重任就落在了我的肩上，弟弟妹妹们要照顾，做所有的家务已不在话下，但母亲气急攻心时，挨打更是常事。记得有一次，父亲带我和那个女人一起外出，不料被母亲知道，父亲出门躲避责难，我却被按在家里进行审问逼供。我清晰记得母亲那绝望又愤恨的眼神，鞭子抽在我身上，我却心痛的是母亲。那鞭痕至今还留在我腿上，成了永远的印记。

弟弟妹妹们逐渐长大，家务都些许有些分担，大的照顾小的，也算是融洽。大哥二哥也完成小学课程来新加坡和全家人会合了，大哥不忍加重家里负担，退学打工补贴家用，我把父亲航海带回来的肥皂和万里望花生用一辆自己租的自行车推出去，挨家挨户推销，母亲沿户卖医院制服，我帮忙剪线头、送衣服。就这样，一家人还是过得上顿不接下顿，水电费也常因交不上而停电。孩子越来越多，那时候我已经有三个弟弟四个妹妹了，一家十个孩子！正当新加坡开始建政府租屋，一个机缘巧合下父亲买的万字票（彩票的一种）中了头奖四千元！我们全家捉襟见肘地凑到六千元，买了一套两室一厅，也没什么装修，一家人总算有了自己的家。父亲继续外出航海，母亲替人做衣补贴家用。

可能因为家里局促不堪，我很想去外面走走，看看广阔的天地，感受各色的人生；也许因为自小承担老大的责任，要保护母亲和弟弟妹妹，我从小好打抱不平、多管闲事。所以我很小就喜欢到处旅行，为了有事可做，我把那些打抱不平又力不从心的事情写成文章抒发出来。所以，在闲暇之时，练习写作和整理记事是我最喜欢做的事情。

没上几年学校，开始当学徒算是我第一份稳定的日薪工作,每天三块半的收入让我有能力既补贴些家用又让自己吃饱。当初大哥为了家里，放弃上学，但毕竟小学知识无法让他立足社会，他一边打工一边攒钱去成教局上课。我呢？有自己写作的梦想，不读书如何走出万里路？继而我也步大哥后尘，到成教局上课。那个并非正规的混世学校，知识没教几个，却被黑社会笼罩。当时的情况实属无奈，落单的人不是残疾就是被欺负成残疾。为了自保，我加入了帮派。当时也是年少无知，混得不知所以，后来我还被推为地区老大，带着数十名小弟，卖黑市票、收保护费、抽烟、喝酒、嫖妓、打架……那一段时间是浑浑噩噩、年轻气盛的一段经历，是走不出来的一潭泥沼。

我家二哥可不一样，天生聪慧过人，特别会读书，完成了荣誉学位硕士，是家里出的第一个大学生。自知深陷泥潭的我也愿意多接触二哥的同学朋友，他们都是一群爱读书的莘莘学子，和他们在一起又诱发了我对于写作的热爱和脱离泥潭的愿望。退出江湖，首先是要脱离这种环境，于是我搬到一个朋友在乌节路的住处，这个朋友当时也是一个大学生。再往后的生活里我所接触的都是这类青年，从此步回正途。在那之后，我发挥自己超常的组织能力，经常组织和主办一些小型的家庭式派对，聚集年轻有为的大学生，汲取知识和正能量。开派对，当然美女是吸引大家来参加的不可或缺的因素之一。当时我同住的朋友的女友正是当红舞女，一来二去，她竟然促就了很多演员朋友的聚集。话剧社团的朋友们在一起，让我对于这个行业大开眼界，也是开启了我职业生涯大门的一把钥匙。

当时有一部四幕剧《悬崖》需要一个男三号，那些演员正值大学考试期间，无法参加密集的排练，我一直耳濡目染也算是略懂一二，他们便推荐了我去参演。

拿到剧本的第一天，兴奋、紧张、眩晕……其他的好像什么都不记得。作为新人，谦虚、谨慎、好学让我得到了很好的人缘关系。大家知道我半路出家，都在尽心尽力地帮助我，经过几个月的努力，我把整部戏的人物台词都背下来了，华语的发音也是一字不差。演出当天，台下包括总理一共十三位国会议员、部长，还有各校派来的代表，观众满满，座无虚席。作为新人，我的努力没有白费，演出非常成功。自此我也就算是一脚踏入了演艺圈。

但后来因为家境贫寒，我不得不选择航海、继承父亲衣钵维持家里温饱的职业了。第一次出海回来我大病一场，但父亲执意还要拉着我继续出海。这一次，我们遇上了海难！

这是一艘从新加坡去印度尼西亚巨港的货船，回航的当天我的病还没好，昏昏沉沉地坐在舱外点货，我的主要工作就是记录上下货的数量。当时就感觉船身有点倾斜，旁边有个老服务生，在我身边看着船身担忧地嘟囔：“如果这船沉了怎么办呢？”对航海毫无经验的我根本不当作一回事，还开玩笑地跟他说：“爬到船桅杆上就行啦！”但他继续忧心忡忡地说：“那要是翻过来沉，可怎么办？”我：“……”这时，父亲拍我肩膀：“快来甲板点货，时间都来不及了！”我不容多想地跑去干活。

当天的货物真的太多，仓库塞满，连甲板上也装满了货。原定的十点起航，也耽误了将近两个小时。头昏眼花的我又被派去安顿临时上船的四位搭客：一对老夫妇，据说是当地港口卖糖巨商的父母亲，一位是要去西德念书的年轻人，还有一位是要去新加坡办事的中年商人。安顿好他们，当船长正准备下令起航时，拉住船身的倾斜吊车发出了巨响。

在船慢慢倾斜到翻沉这个漫长的过程中，人们只顾着装货和上船，还无察觉，直到吊车禁不住重负断裂翻船，人们才惊慌失措地开始逃生。那时天色已晚，船上的人都由下层船尾跳入漆黑湍急的巫西河逃生，此时甲板上只剩下船长、二副、父亲还有我。千钧一发的时刻，我以最快的速度跑到房里拉出来一件救生衣，船长开始鸣枪求救，此时的船身已经倾斜到几近九十度,因为倾斜致使船上的东西互相碰撞而发出恐怖的巨响。这一片混乱情境下，再不逃恐怕来不及了，我把救生衣塞给父亲后，纵身一跃，从高达四层楼的船上跳进海里。

“你别跳啊！危险！”父亲冲我大喊，但听到的时候我已经全身悬停在船身之外，那一刹那，我感觉时间都凝固了，没有恐惧和任何杂念。我将双手十字张开，入水时屏住呼吸又顺势将双手紧贴身体。潜入到海里，一切轰隆隆的杂音全部消失，人也清醒了很多。等我浮出水面，回头望向船身时，看到二副也跳了下来，但因为时机不对，船身角度翻转，他的手臂撞到了船身上，人又翻了一番掉进了海里。我马上游过去拉住受伤的二副，好在他穿着救生衣，但是手臂最后也没救回来。

此时的海面上，呼天喊地的各种声音，“救命啊！我不会……呜呜……不会游泳……呜呜”听到哭喊声，我看到不远处中年商人在海面乱扑，我就拉着受伤的二副游了过去，三个人两件救生衣漂浮在海面上，等待救援的到来。海警收到船长发出的求救信号赶来救援，把我们都救上救援船，我不顾一切地一个个辩认，寻找我的父亲。当听说海里捞上来的人员并没有他时，我当时全身如触电一般，浑身颤抖，脑中一片空白。随大家上岸后，我呆坐在港口的角落里，一个人焦急地眺望。一个同样呆滞的身影向我走过来，这无疑是在寻找我的父亲。

原来父亲竟然是全船唯一一个没下水的人。他是站在船底，因船身全翻过来却没有沉没，所以他幸免于难。他也获救了！

回过神来，我问：“你恐高啊？”“是有点……嗨！你不懂！顺着船逐渐翻过来方向往反方向爬，待离水面近时再跳！可是我没想到全翻过来时船也不沉了。这是经验，学着点！叫你别跳！喊了你也不听！”父亲顺手把毛巾拍到我胸前，转身走开了。留我一人在那儿挠头。

海难中，船长因为发求救信号耽误了逃生机会，一对儿老夫妇还有两名船员，共五人遇难。此消息立马登报传到新加坡，但只报出死亡人数，却未提及死者名单。这下可把母亲及家人急坏了，一直拜托在印度尼西亚的朋友打听我们的消息。此次事件非同小可，正值新加坡和印度尼西亚刚开始恢复关系之时，在这非常时期的一起意外却被说成了政治意图。因为巫西河是巨港九条河流汇聚的主要运河，是巨港的经济命脉，是所有石油输出的主要交通要道。如今在这里翻了一艘船，堵塞了来往的船只，给经济发展带来了巨大的影响。当局认为此次事件有间谍作祟之嫌，所有高层职员都被关押，因为船长牺牲，大副责任最大，而父亲因为是船东代表，也被关押了起来。望着被关押的父亲，十七岁的我束手无策……

后来有个姓潘的华侨富商收留了我，过了几个月的寄居生活后，我从印度尼西亚回到新加坡就应征入伍了。虽说年龄还差几个月，但是年轻人保家卫国的情绪高涨，我也主动报名服兵役。

1969 年退伍后我就投入娱乐圈。在兵役前这一段的生活和经历，造就了我一生的性格，也影响到我一生的命运。

中年的我风生水起，走在演艺事业的前沿，开拓南洋演艺市场，一批批光鲜亮丽的明星朵朵绽放。我又投身酒吧行业，一开就是八个酒吧，而且一个比一个红火，再加上我独特的创意和严格的管理，小管的名声在马来西亚、印度尼西亚、新加坡、中国，都是名噪一时的。月满则盈，水满则溢，太过透支身体，终会有崩盘的时候。两次中风对我的打击不亚于晴天霹雳，但是我又感谢这严厉的提醒，是啊，该慢下来，歇歇啦。我一条腿，一只手，因为中风而肌肉萎缩，走路一瘸一拐，但我坚决不让人搀扶，不坐轮椅，我有我的坚持，如果这一坐下去，肌肉更加萎缩，那后果将不堪设想。这些年间，我在慢慢艰辛地一瘸一拐地走着，慢慢坚持缓慢的行动，慢慢接受着自尊心的煎熬……我也用乐观的情绪和用注意力转移的方法，让自己慢慢接受，慢慢重拾信心。

人生能有几回合？我尝到过人生百味，唯一不变的是我的性格，人家说性格决定命运，命运又是什么呢？是自己手中的一把钥匙，如何选择，看自己吧！

乐壶茶坊

对于紫砂壶，我们已无法考究它具体的发源地和起源时间。有人说紫砂壶的创始人是明代正德、嘉靖时的龚春，紫砂制成壶，乃是明武宗正德年间的事情。从此之后，便名家辈出，各种花色品种层出不穷又不断翻新，五百年间不断有精品传于世间。如今的紫砂工艺，也可谓巧夺天工，技艺超群啦。我们先聊聊我为何就对这紫砂壶如此钟爱？

第一，我这个老头生性喜欢闯荡，爱新鲜，爱热闹，脾气比较暴躁，这些我自已很清楚。所以，我选择了喝茶。喝茶可以修身养性，陶冶情操，凝神定气。我经常这样想象：春暖花开时，将一撮碧螺春，放入壶中，用第一遍水洗茶，再将茶水倒入杯中，将杯中的洗茶之水，由壶盖处倒下，茶水流遍壶身，壶身迅速吸干茶水，腾起袅袅香气。打开壶盖，将水注入，等热气升腾，吮一口悠悠的碧螺春，便有一股清明的愉悦涌上心头。喝茶，治得我的气盛，制得我的血气方刚。品茶体味到的感受，浅尝最为甘美，过度反而乏味，正所谓过犹不及啊。

只有在品茶的时候，人才容易淡泊，才能宁静，才能去想一些细致而又有价值的问题。茶有十德：以茶散郁气；以茶驱睡气；以茶养生气；以茶除病气；以茶利礼仁；以茶表敬意；以茶尝滋味；以茶养身体；以茶可行道；以茶可养志。由此可知，茶代表着一种文化，一种感情，一种对生命的态度。当然，要想体现这些，紫砂壶便成了它的载体。

第二，恋爱不是方程式，却和缘分有关。爱上紫砂壶是从几十年前林煌坤送了我一套茶具开始，从此结下了不解之缘！记得那是一把老旧的紫砂壶，那把壶有着婴儿肌肤般的细腻手感以及着色圆润、典雅古朴的视觉感受，更引人注意的是壶身两侧各有一条浮现于云朵间的龙，形象逼真。当时，我就定定地凝视、醉醉地把玩它，并不时地拿起的茶壶呷上一口，顿感全身的惬意。所以这爱上紫砂壶还真是一见钟情的事儿。

想不到的是蓓蓓在微信朋友圈里说，由于碎了一把壶而伤心，我怜她，就让文俊老弟发快递送了她一把……然后奇妙的事相继发生了！这也是情缘！

这第三个原因……

与我来讲，抛开那些工艺、造化之说，紫砂壶就是一捧泥土，也是孕育生命最初的源泉，它蕴含灵魂、极富情感。一把壶的生命，要究其原本，对于泥土的了解，它的历史渊源，上下几百甚至几千年的形成，最后被艺术家们制成了一把壶。如何欣赏，讲究的是形、神、气、态：形即外形美；神即神韵；气即内涵，指壶艺所蕴含的内在美；态为各种姿态，如高低肥瘦、刚柔方圆。然而养壶就要看养壶者是否有那气定神闲的心志了。

大家都懂得养壶需要好茶、好水，配合不同温度的水，去养壶之色泽和香气……我却认为实质上，养壶之事其实是它养了我自己的心情和气质。我经常是微阖双目，聆听着茶水的浸入声，用自己静谧的心境跟壶融合，给其润色，慢慢地陶冶着情操。

如今，经过多年的努力，我陆陆续续地收藏了几十把钟爱的紫砂壶。一度爱紫砂成迷，也不惜花重金追寻。就为的是每天晚上，持一把温热的紫砂壶，那暖香便从指尖抵达心底，思绪和灵魂都因之变得柔软、温情。

出于对紫砂的钟爱，我与妻子开了“乐壶茶坊”，自己在定制的茶具上也刻了“乐在壶中，壶中有乐”。原想以茶坊终老，没想到中风后还是得回到娱乐事业中，可见事与愿违亦是平常不过的事。曾经和许多人一样祈求神明让我平安致富，反而中风后我竟然不曾祈求过任何神道！十四年来我尽了最大努力维持这个家，而今两个儿子长大应该可以自立了，那天和K君说：他若与吾妻合作将是难得的好伙伴，俩人所学各有所长，吾妻专于茶道还会教课，他精于壶道又会做生意。可惜信仰有别就看如何磨合了！毕竟从二十世纪九十年代开始，为了“乐壶茶坊”我和妻之间就有太多不同意见而吵翻天，不过还好二十多年后，我们终因“青钱柳”神茶和三十六计同心杯，而达成了共识。

高科技时代，我在这里寻古幽情，探索深山老林的“青钱柳”野生茶，找回一起聊壶品茶的朋友，生命本就应该做些让自己快乐的事,那些轰轰烈烈满怀壮志豪情的日子已离我远去，物以类聚莫非正是如此……

下面的每一把茶壶都有我收藏的心得，可谓与我的情感丝丝相扣。

刚收了此壶时这样想：“这是十八世纪的一把扁腹壶，难得的没残缺。值多少钱呢？”

谁知这一把乾隆年的心爱老壶，购买时已被修补过，一夜我将泥给刮了装水泡上，第二天终于真相大白……桌上渗出了水点！幸亏还没有卖出。哎！没办法的，收藏就是这样自以为淘到了宝，没有想到一山更比一山高。

我挺喜欢的一把梅桩壶，制作者是谢曼伦，大概是民国时期的吧，可惜里盖的唇有点缺。

这是邵正来的一把好壶，“狮纽壶”。用来泡普洱茶真的是再合适不过了，必须选好茶来配这好壶！看其工之细腻必是高手中之高手。

这壶嘴长得就像阿拉丁神灯，就暂时命名为段泥神灯壶，说不好是设计来添油用的油壶呢？哈哈。

这把老壶保存完美，壶身轻巧出水顺畅，做工贴花都非常细。就是稍微有点俗，但新年拿出来的话，就有很好的寓意“花开富贵、节节高升、如意吉祥、早生贵子。”这是我按其贴花命名的！

这把朱泥大水平壶我拿去修补过，修好后我是越看越爱，好娇艳的红泥。后来也有一把老壶造型不错，但一不小心，壶纽断了，使得我无限心疼！但过些时候再看它时，我也释然了……忘了曾经的伤痛！重新再拿起来把玩，不料，却另有一番滋味在心头……不禁试想，人会不会也是这样子的呢？

这银壶的故事就更多了……思念曾经常伴的知己，如今还有几人？在北京的时候常用这银壶，它的旁边还有一个小泥人的茶宠。回想当时……一壶清茶……这小泥人是我发泄的对象，老用滚烫的水往它身上浇。

为了降“三高”最近都是喝青钱柳来代替茶，朋友捎来几把陈复澄壶，用来泡一壶，可以解忧。

男神女神的名气再大，未必能成为最好的伴侣；名牌店里的奢侈品再贵，也未必适合你。这一把壶用起来是得心应手，就算摆在那儿观赏也是满心欢喜，更何况是为我量身定制。看看这把壶，这下全明白了！

我的藏品中偏爱紫砂壶，这次文俊老弟亲自到大师家里帮我收了两把，惠孟臣后人的朱泥小壶水平真不一般，还让大师亲笔题写小管收藏。这是何等荣幸！

这把壶我一次都没有用过，因为太多壶，也因为没有一个特别的理由去碰它，这把壶似乎需要一个仪式性的缘由。这是道光年间的老壶，百年无损，真是堪称完美的一把壶。

不想与人争辩这把壶是哪个年代的。买下这壶的年份应该是在1989年前后，在北京天坛旧货市场。李翰祥拍摄电影《末代皇帝》时很多道具就是从这里淘出去的，这旧货市场听说后来被大火烧光了。我去的时候，这旧货市场仍在，那时候买这个壶，外国人还使用的是外汇券呢。

这把紫砂壶容量180毫升，挺适合我自己用的。我专门拿它来泡普洱茶。也许养了几年，它在我手里成了无价之宝。哈哈，臭美老头的封号就是这样来的！

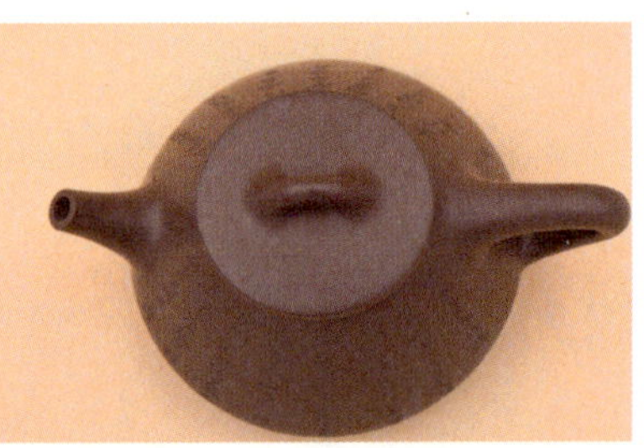

这个说来虽有趣，但又无奈。当时我挑了十把壶，找刻字师傅把我选的十句话分别刻在这十把壶上。没想到，他竟然将每把壶都刻上了那么多字，然后说："今后这活不接了！"是啊，刻这么多字是有多辛苦呢。不过无意间老头又得了一孤品。

有没有觉得这些茶壶的图片和我微博里面的大相径庭？不会照相的我从来都是把好东西照得模糊丑陋，那真的是"随手拍"的。小儿子买来拍摄灯箱，特意为我拍壶，真是有心了。

这把小野柿子终于收归囊中，而且画家以画作为证书也是够特别。

2017 年年底，在北京和两个志同道合的朋友又聊到茶和紫砂壶，钟情于茶和壶的我又蠢蠢欲动了。经几番商议，我脑洞大开，设计出一套只需一壶、一杯、一托，就能享受茶道功夫的茶具，并命名为“茶趣”。很多人面对茶壶、茶杯、茶盘、茶巾、茶托、茶海、茶洗、公道杯、煮水器等各种茶用工具，望而却步。尤其在新加坡，喝茶的品质与沏茶的乐趣还没有广泛应用到人们的生活中，于是，我的设计是一切从简但品质不降，以“茶趣”为题，就是引你入胜呢。

这几款茶趣皆得到友人的认可。我感觉，想找到爱喝茶的人并不是那么难，只是新加坡的茶与咖啡的消费价格差了好几倍，更别说添置茶具的成本了，而且茶具的磕碰受损会比较严重。难怪肉骨茶店没好壶，大多数爱茶者都只能在自己家里喝茶了。

有此方案后，我们又设计了五种不同的紫砂泥料，工作就开展起来了。回到新加坡，我信心满满，准备重振“乐壶茶坊”！我找出当年茶坊的那块老招牌，擦了又擦，擦得亮亮堂堂，希望它能够照亮我之后的爱茶事业，能把一“趣”发展成事业，岂不乐哉？

收藏茶壶几十年，又重振“乐壶茶坊”和创业“茶趣”，我也是心潮澎湃了。快七十岁了，到了这个年龄有个爱好，并可以为之用心，也是我的一大喜事。看着这一柜子又一柜子的收藏……有些个把玩了多年，但有些来到我家后却无人问津。我年龄大了，中风后手脚不便，生怕碰碎了，所以怠慢了很多老壶。

现在打起精神，想着把爱壶们整理编制，重新整编入柜，这可是个大工程呢！看看这阵势！我命之为“百壶居”也不为过了。

将邓丽君之爱延续，将壶之爱延续，这都需要后辈们的传承与支持，也是我今后的心愿。但愿，如愿以偿……

南洋帮，

让全世界都听到

南洋，是中国人在明、清时期以中国为中心，对东南亚一带的称呼。中国在明朝时期及明亡后，大量汉族人涌去谋生和定居，叫作『下南洋』。

南洋，是中国人在明、清时期以中国为中心，对东南亚一带的称呼。中国在明朝时期及明亡后，大量汉族人涌去谋生和定居，叫作“下南洋”。早在两千多年前，中国人就开始乘船下南洋，它和中国历史上口口相传的闯关东、走西口一样，是给予这个国家，数百年来，长久传袭的历史记忆。南洋是太平洋和印度洋之间，一道地球上最为独特的风景线，两万多个岛屿如同珠链一样散落在大洋之间，它们就像上帝洒落在这个星球上的一颗颗珍珠，这里就是南洋。在新加坡市中心，有这么一组雕塑，它讲述着一百多年前，华人们漂洋过海，来到这里创业的故事。这个不到五十岁的年轻国家，一直在东方和西方、传统和现代之间，寻找着自己的方向和定位，他们称自己是赤道上的小红点。这个小红点经历了20世纪到21世纪最激荡的百年，从曾经的危机、贫困和混乱，成就出今天这样一个整洁、有序和安全的国家。这就是我要讲述的南洋。

在人类文明的演变中，在一场全球历史的大变局中，一些华人离开故土来到这里，从此下南洋成为人类移民历史上一段含着血泪和梦想的传奇故事。

新加坡前总理李光耀说过：“唯有知道自己的根源，唯有了解祖先的遭遇，你才知进退依据。我们和泰国人、菲律宾人或斯里兰卡人有何不同？差别在于我们知道我们如何来到此地，以及发展的方式，这需要有历史感。”这让我想到老人们对于祖辈下南洋，曾这样描述：“漂洋过海时，要随带耕种之具和种子，还要带上棺材。”带着棺材，是随时准备迎接死亡；带着种子，是随时准备在不可知的荒野建立生活。可想而知，当时的情况是多么漂泊和飘忽不定。很多下南洋的中国人都渴望衣锦还乡，但是更多人却无法回到故土，他们的尸骨只能埋葬在当地。我看到过很多华人先祖的墓碑上都刻有：他从中国的什么地方来到南洋。有很多华人的族谱前面，还有一句诗，其中有两句是：“日久他乡即故乡，晨昏须上祖宗香。”这就是我们不要忘本的民族特性。

在很长的一段贸易历史中，南洋这些岛屿是中国与阿拉伯国家和印度贸易的中转站。长久接触，华人和南洋当地人建立了很好的贸易往来关系后，有些人留在了那里，通过与原住民婚姻的结合，很快融入了当地的生活，南洋开始出现了一个特殊的族群，他们流淌着华人和原住民共同的血液，男性被称为峇峇，女性被称为娘惹。欧洲的侵略、殖民、排华……一连串的变迁，给这个地方带来了苦难。华人一直在扮演商业贸易中间人的角色，一百多年前，就流传着这样一句顺口溜："土族耕种、采集，华人采购，西人收获。"很多华人也因此积累下了巨额的财富，也给自己带来了命运多舛的悲剧。华人在南洋成为开拓者、建设者，也成为被掠夺和杀害的对象。南洋对于华人来说，既是财富的天堂也是血泪的地域。

一连串政治的变迁，世界的格局又开始了一轮激荡的岁月。此时南洋华人的命运也迥然不同，之前经历了数次的排华和歧视，使得华人的数目大幅下降，只有新加坡始终都是以华人为多数族群的国家。当年的李光耀告诉大家："这是一个平等的社会，我们自己决定新加坡的命运，我不是任何人的配角，我不是来玩别人的游戏，我背负的是几百万人的生命和生计，新加坡一定会生存！"

长久以来，生活在这里的华人，一直面临着中华文化和其他文化的冲突和融合。在这片土地上，华人从悠远的时空中，带来他们的人情世故，还带来他们家乡的味道，和这里的印度文化、伊斯兰文化和来自欧洲的文明进行了长达四百多年的碰撞和融合。呈现出这个地球上无比丰富而多元的社会景象。

独立近五十年之后，新加坡已经发展成为了重要的世界性贸易与金融中心。也许弹丸之地的新加坡只是个例，但这个国家的经济活力、远景规划，它的廉洁奉公，法治宪政，无不昭示着华人文化传统融入现代文明的努力。

我是一个做娱乐事业的人，是一个新加坡人，更是一个地地道道的华人。我有很深的中华情节，中国人聪明、勤劳，有上千年的文明基础，尊师重道，这都是作为一个华人的自豪。

我作为一个娱乐家（哈哈我也自夸一下），很是心疼我们新加坡的艺人们。一直以来，很多著名的艺人，比如：孙燕姿、林俊杰、梁静茹、曹格……太多太多的艺人来自南洋的新加坡和马来西亚，很多著名的艺人都曾遇到被认为是中国台湾和中国香港人。由于新加坡本地娱乐产业不发达，一些早期被签约去中国的艺人就都会被误认为是中国的港台艺人。从这些新加坡明星身上，会发现他们身上都有一个共同点就是低调，其实这跟新加坡没有狗仔文化的娱乐圈是有关的。

在新加坡，你是看不到所谓“狗仔”的，明星们不必被那一双双“不怀好意”的眼睛盯着，更不可能会有类似跟拍、揭秘、曝光等这类文章标题出现在新加坡本地的报纸上，抑或是那些模模糊糊的牵手、拥吻的照片。在新加坡，公民的隐私权是受到高度重视和保护的。我们认为的媒体，不只是商业机构和信息的集散平台，也代表群众对企业、政府进行的舆论监督。所以，这里的媒体，更多的是报道一些已确实的消息，和人们习惯关注的新闻性的报道和事件性的追踪。在新加坡，作为一个明星，即使你再红，也不会靠着绯闻去吸引粉丝们的关注，这样的行径，会被认为是毫无能力的表现。所以，他们专注于创作更好的作品，以及享受眼下的生活。

但是，被世界误认为其他国家的新加坡艺人们实属有些委屈，毕竟他们也希望有一个自己的家，有归属感，被认同。所以，文化产业的一带一路，希望能够把我们南洋的艺人们连接在一起，那些分散到世界各地的南洋人、南洋人的后代，都可以看到本国文化艺术的传播。我们希望能给他们一个家，让世界对我们南洋文化的综合性特点认知、认同！运用一句古话：不团结无以逐鹿中原，放眼世界。

碎碎念

风雨后的宁静，虫鸣之音勾起片片思绪~原已丢掉的笔捡起再用，却也写出好多的字~

2011-6-18 12：14

由烟至毒，尤记得当时帮助马来西亚最红的男歌手李逸戒毒时，他告诉我如何染上毒～就是从一根印尼的丁香烟开始，而我自己一生也抽—戒—抽—戒—抽—戒～数不清多少次了～就因烟都那么难戒，长大后也曾交友不慎！所谓兄弟朋友哥们都无数次让我试试～而我的理由很简单——没有自信能走出来。

2011-6-18 23：27

大家努力把“五十年代”做好做大，这样我们可以帮助更多的人，做更多的好事，举办更多的慈善捐款活动。让大家参与对社会的责任，付出更多的爱心，你们就不会迷失在纸醉金迷的夜生活里，从中找到生活的目标。

2011-6-21 09：21

昨晚又听到任务两个字，如刺梗喉不吐不快，四年前创立了零台费概念实施在“五十年代情调酒廊”的动机，就是反对给歌手艺人强加任务而设计的一种模式。不知道何时开始大家传播开了——“五十年代”是有任务的，不知是无知，还是有意无意的谣言散播。我在此特别声明，我从不设任务，那是无知者的解读。

2011-6-24 00：59

当原创作品不被尊重时，人们只能重复又重复地看着无聊的电视节目，重复又重复地听着没有灵魂的歌，重复又重复地看没有生命力的电视剧。

2011-6-28 08：21

我又来到昔日海边，海风轻轻吹拂海面，那样多情、那样温柔，只是故人离去多年。依稀的旋律、依稀的歌词、永远美丽的你，那往日情景又回到眼前，大家都喜欢越南菜，品种不算多，却有独特的风格。我们都曾陶醉在浪漫时光～尤其细雨亭中～为我端上你亲泡的咖啡～不禁想起，你再次唱响的《何日君再来》。

2011-7-1 13：30

进入娱乐行业四十几年，夜场环境也不是每个人都能适应～有人天生就熬不了夜，也有很多人乐此不疲。就像我的最好状态～是晚上十点到凌晨两点。再往后拖就不行了～数十年如一日。我倒真服了那些凌晨三点下班后还找乐子的人。这类人才是真正的夜生活工作者，到了夜晚就好像有耗不尽的精力似的。

2011-7-3 03：54

作为一个艺人，真的没有几个十年，然而急迫的心理因素，却常被利用而受骗了。所以别急功近利，别乱签约～凡事淡定点，三思而行。

2011-7-8 15：45

不管做什么事都得计划好后按部就班，一步一步去完成，而且每个步骤都得做到顺序而成。千万别节外生枝，急功近利则难成大事。每件事都有它已存在的规律，只有真正洞悉其中奥妙方可事半功倍。否则绕太多弯，最后是赔了夫人又折兵。切记：江湖险，人心更险。

2011-8-8 00：27

我这个就是爆竹脾气，点着就必爆。然而雁渡寒潭，雁去潭不留影。这点我明白，也能做到。我要说的就是任何人再犯同样的错误都会被我公开指责的。因为我把挖出社会诟病为己任，我爱娱乐行业，尊重这行业，现在都成了挂羊头卖狗肉，就没人管管吗？

2011-11-29 18：37

【三十岁前记事】很小的时候便立志到处旅行，为了使旅游中有事可做，我想写作应该是理想的职业。我只念了几年书，从小喜多管闲事，好打抱不平，却常常力不从心！然感性如我，对很多事物都有敏感的触觉！能通过文字写出来，对身心都有益处～要不然会憋出病来～有了以上动机～也就利用闲暇时开始整理记事了。

2011-11-29 19：39

【小学】第一天上课，父亲帮我报的是福建会馆兴办的爱同学校，校服是白上衣蓝色裤子，结果母亲为我准备了白衣白裤，是同个大楼却是另一边的崇福的校服。那时候我自己一个人在学校，找不到自己的班级，那种无助之感就像个孤儿，所有人都安排好了，我最后一个进入课室，从此给姓辜的老师盯上了。

2011-11-29 19：56

【体罚】在级任老师的紧盯之下～我几乎天天都被尺打手背或到课堂外罚站。直至到了五年级，换了校址也给我换了个新的级任老师，吴楚燕老师是点化我一生的恩师。她同情我、关怀我、鼓励我，让我恢复了自尊，相信今日我没步歧途也因她给了我这份爱，一句终生受用，“以前种种比如昨日死，今后种种比如今日生。”

2011-11-29 20：10

【少年期】大哥二哥也完成小学课程来新加坡全家人会合了，家里多了几口人，父亲的收入也不稳定了~大哥首先退学，只念了初中一就到姑父的眼镜店当学徒，管吃住每月还可领二十元的工资，大哥孝敬地把每个月工资都全数拿回补贴家用，自己还上成年班学习，终于学有所成，白手兴家，至今退休，但也开豪车住有泳池的洋房。

2011-11-29 21：23

【二哥】天生聪慧，从初中到高中完成荣誉学位硕士，总算是家里出了一个大学生。后来五妹也大学毕业。反而我在升初中二时家中根本连买书本的钱都没有，况且学业也不好，就中途辍学了。那时新加坡刚加入马来西亚，其政治经济都非常不稳定，找份工作太难了，凌晨四点到市场等运鱼车送鱼过来，然后做卖布等工作。

2011-12-29 23：40

今天翻看旧照时，找到几张孙楠、辛欣十多年前在新加坡“五十年代”帮我做嘉宾友谊客串期间的照片，真的光阴似箭～时光一逝不复返，孙楠的两个儿子都二十几岁了，再不认老都不行了。

2012-1-8 14：35

二十五年前的样子！还挺有市场吧。

2012-1-8 14：55

新加坡适龄的年轻人都得受军训……1968 年露营时摄。

2012-1-10 21：47

这应该是凤飞飞吧。

这应该是费翔。

歌神张学友，好年轻吧，嫩嫩的。

泰迪·罗宾，我也好多年没见他了，想当年小邓在香港买了领带和一件衫是托他带来新加坡给我的。始终觉得那首《爱情的代价》他唱得比罗文好。